なるにはBOOKS
教科と仕事

数学の時間

学校の学びを社会で活かせ！

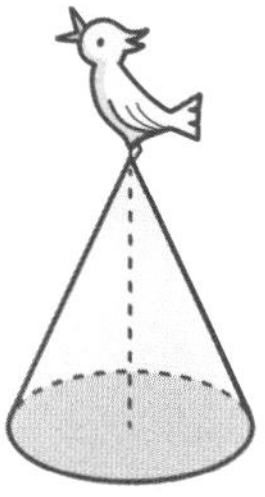

松井大助　漆原次郎 著

ぺりかん社

数学の時間　目次

プロローグ

数学が好きな人、得意な人へ …… 8

数学が嫌いな人、苦手な人へ …… 10

1章 ネットやゲームの世界を創る

INTERVIEW デジタルクリエータ …… 14

PICK UP 現実と仮想世界をつなぐ数学 …… 22

こんな仕事もある！ デジタル編　CGクリエータ／DTMクリエータ ほか …… 26

10代の挑戦！ デジタル編 …… 28

2章 ものづくりやデザインをする

INTERVIEW 建築士 …… 30

PICK UP ものづくりやデザインのための数学 …… 38

こんな仕事もある！ ものづくり編　建築士（意匠設計）／機械設計エンジニア ほか …… 42

10代の挑戦！ ものづくり編 …… 44

3章 未来に向けて開発や開拓をする

INTERVIEW 宇宙研究開発者 …… 46

PICK UP 開発や開拓のための数学 …… 54

こんな仕事もある！ 開発・開拓編 バイオ研究者／製薬研究開発者 ほか …… 58

10代の挑戦！ 開発・開拓編 …… 60

4章 チームの戦略を練る

INTERVIEW マーケティングアナリスト …… 62

PICK UP チームの戦略づくりのための数学 …… 70

こんな仕事もある！ 戦略立案編 スポーツアナリスト／データサイエンティスト ほか …… 74

10代の挑戦！ 戦略立案編 …… 76

5章 困りごとと向き合う

INTERVIEW 社会学者 …… 78

PICK UP 社会課題の発見・解決をめざす数学 …… 86

こんな仕事もある！ 社会課題編　医療系研究者／弁護士 ほか …… 90
10代の挑戦！ 社会課題編 …… 92

6章 地球環境と向き合う

INTERVIEW 南極地域観測隊員 …… 94
PICK UP 地球の観測・分析のための数学 …… 102
こんな仕事もある！ 地球環境編　測量士／地球惑星科学の研究者 ほか …… 106
10代の挑戦！ 地球環境編 …… 108

7章 この世界のなぞに迫る

INTERVIEW 数学者 …… 110
PICK UP 永遠の真実を得るための数学 …… 118
こんな仕事もある！ なぞ解き編　理論物理学者／理論天文学者 ほか …… 122
10代の挑戦！ なぞ解き編 …… 124
あとがき …… 126

［装幀］図工室　［カバー・本文イラスト］山田タクヒロ　［写真］松井大助・漆原次郎

プロローグ

数学が好きな人、得意な人へ

数学で発揮している強みを、実社会でも活かしていこう

あなたは数学のどういうところが好きなのだろう。または、何が得意なのだろう。できれば一度、そこをはっきりと「ことば」にしてみてほしい。

そのことばの中には、数学の勉強だけでなく、社会でいろいろなことにチャレンジするときにも発揮できる「あなたの強み」がきっとひそんでいるからだ。

たとえば、9ページの図のような数学のある一面が好きだったりしないだろうか。その視点や発想は、青字で示したような取り組みにもつながっていく。

この本では、こうした数学ならではの見方や考え方を、数学の知識とあわせて、さまざまな分野の人たちがどのように仕事に活かしているかを紹介《しょうかい》していこう。数学のもつ可能性の大きさと、できることの幅《はば》の広さを、ぜひご覧あれ。

■数学のどういうところが気に入っている?

社会や理科のテストでは、内容を覚えていないと、もうお手上げな問題が多いけど、数学のテストでは、見たことのない問題でも必死に考えると、自力で解き方を見つけられることがある。

→ 自分の手による創造や発見

ひらめきは大事だけど、思いつきを好き勝手に並《なら》べるだけではダメで、そこから一つひとつ筋道立てて考えた人だけが、答えにたどりつくことや、証明をすることができる。

→ 論理的思考による目標達成

間違《まちが》ったときは、自分の解き方の過程を見直すと原因がわかる。正解を出すまでの解き方がいろいろとある問題も結構あり、一度解いても、もっとよい解き方がないかを探すことができる。

→ ものごとの検証や改善

いろいろなものごとを、人数や量などの「数字」だけでとらえたり、「式」で表したり、「図」にしたり、「グラフや表」にまとめたりすると、情報がすっきりしてわかりやすい。

→ 人と通じ合うための表現

数学が嫌いな人、苦手な人へ

自分のやりたいことに、数学を道具として使えないか

あなたが数学を嫌《きら》いになった理由は、どのへんにあるのだろう。

たとえば、「こんな勉強をしてなんになるのか、意味がわからない」という思いが、心の奥底《おくそこ》でくすぶっていないだろうか。もしそうなら、あなたはこの先、どこかで数学にはまることがあるかもしれない。10代のときにそんな疑問を抱《いだ》きながら、段々と数学のおもしろさに目覚めていった人もいるからだ。

数学が好きな人というのは、乱暴な分類をすると、二つのタイプに分かれる。

ひとつは、数や図形のもつ美しい規則性、不思議なつながりに魅《み》せられた、「数学にふれることそのものが楽しい」という人たち。もうひとつは、自分の興味のあるテーマを考えるときに「数学を道具として使うとおもしろい」ことに気づいた人たちだ。

2番目にあげたタイプのなかには、「自分にとっての数学の活かし方」がはっきりしてから、がぜん、その勉強に身が入るようになった人が多いのだ。

ではどんなテーマを考えるときに、数学を道具として使えるのかというと、地球や自然のことを考えるとき、宇宙開発をめざすとき、ビジネスの作戦を練るとき、ゲームやデジタル空間をつくるとき、ものづくりをするとき、デザインやアートを制作するとき、困っている人の課題や解決策を考えるとき、など、本当に幅広《はばひろ》い。

だから、数学に抵抗感のある人は、「自分の好きなこと、やりたいことに、数学を活かせないか」と、逆向きに考えてみよう。この本でも、さまざまな分野の人たちが自分の活動に数学をどう役立てているかを紹介《しょうかい》していく。

数学の勉強のやり方を見直してみよう

もっとも、数学は一度つまずくと、「わからない」ことが雪だるま式に増えていくことがあり、だから苦手になった人もいるだろう。そもそも中学校から高校と学習が進むにつれ、ややこしい公式が増えていき、覚えるだけでもたいへんだ。

ただ、数学を使いこなす人たちから聞いた話をまとめると、どうも数学の勉強とは「教科書の内容を覚える」ことではないらしい。なにしろ、仕事で専門的な計算をするときなどは、そのつど教科書や専門書の数式を見返したりするというのだ。

では数学の勉強とは何をすることなのか。それは、「自分で手を動かして、試行錯誤《しこうさく》しながら考える」ことのようだ。この説明ではまだ漠然《ばくぜん》としていると思うが、各章ではさまざまな分野の人たちに、数学をどのように勉強してきたかも質問して答えてもらっているので、その勉強方法も参考にしてみてほしい。

数学そのものの魅力《みりょく》を知ったら、なお楽しい

「自分のやりたいことに役立つ」をモチベーションに数学と向き直ると、もしかしたらそのうち、数学そのものに惹《ひ》かれる日がくるかもしれない。それはそれで楽しいことだ。世の中には、永遠に揺《ゆ》らぐことのない「真実」を求めて、人生をかけて数学に挑《いど》む人もいる。はるか昔《むかし》から現在まで、多くの人びとを虜《とりこ》にしてきた数学という学問の魅力《みりょく》、そこにある美しさや神秘さを、ぜひあなたものぞいてみよう。

1章

ネットやゲームの世界を創る

INTERVIEW

デジタルクリエータ

デジタル技術を活かし 新しい体験を創造する

1

株式会社《かぶしきがいしゃ》ソニー・インタラクティブエンタテインメント
ＶＲ推進室／テクニカルプロデューサー

田《た》中《なか》和《かず》治《はる》さん

大学卒業後に、アートスクールとＣＧ専門学校で学び、映像制作会社に就職。キャラクターアニメーションを中心に手がけ、ゲーム業界に転職、プロデューサーを務める。現在はＸＲ体験の技術研究を担当している。

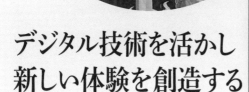

現実と仮想が入り交じる世界!?

17ページの斬《き》り合う二人の映像は、田中さんが手がけたVRコンテンツ「ミヅキ討魔伝《とうまでん》」のワンシーン。これを紙面でしか紹介《しょうかい》できないのが残念だ。VRゴーグルをかぶってこの作品にふれたなら、仮想空間の中で、二人のまわりを移動し、自分の好きな場所から、迫真《はくしん》の決闘《けっとう》を眺《なが》めることができるのに。

「ミヅキ討魔伝」は、本物の役者の演技を360度全方向からカメラで撮影《さつえい》し、CG（コンピュータグラフィックス）で描《えが》いた世界に取り込《こ》んだものだ。CGを使った実写映画は以前からあるが、これまで私たちは、観客席からスクリーン越《ご》しに物語を眺《なが》めていた。今後は、CGでつくられた仮想空間に役者といっしょに入り込《こ》み、ともに冒険《ぼうけん》するかのように物語にふれていけるのかもしれない。

「めざしたのはバーチャル（仮想）の空間に劇場をつくり、そこで実在する人に演じてもらうことです。スペースの制約がないので、CGでどこまでも広いステージをつくれます。そのステージに、観客も参加している体験ができるんです」

VRとはバーチャル・リアリティー（仮想現実）のこと。田中さんの仕事は、仮想世界と現実世界を融合《ゆうごう》するようなおもしろいコンテンツを生み出すことだ。

最初はCGクリエータとして

田中さんは大学生のときに、CGを使った映画に魅了《みりょう》され、「自分もこんなCGをつくってみたい」と思った。しかし、大学の専門は経済学だったので、CG制作で求められる美術やコンピュータの専門知識は、何ひとつなかった。

悩《なや》んだすえに、田中さんは思い切った決断をする。大学卒業後に、予定していた就職を取りやめ、アートスクールとCG専門学校の二つに通ったのだ。そこでCG制作の基礎《きそ》を身につけてから、映像制作会社に就職した。

駆《か》け出しのころに手がけたのは、テレビ番組のオープニングや、CMのためのCG素材の制作。その中で田中さんは、「美術を専門に学んだ芸術大学の出身者に比べると、絵心でかなわない」という劣等感を抱《いだ》く。この人たちと勝負していくには、自分は何をすればいいいだろう？

そこで田中さんは、仕事を終えたあとに社内の機材を使い、CG制作の自主勉強に毎日はげむようになった。

「中学や高校のときは勉強が大嫌《だいきら》いだったのですが、CG制作には自分からはま

『ミヅキ討魔伝』のワンシーン　取材先提供

ることができたのです。楽しかったから、がんばれたのだと思います」

3DCGのキャラを動かす

制作を続ける中で、田中さんはCGの一分野のキャラクターアニメーションにひかれていく。CGで描《えが》いたキャラの中に関節をもった骨を組み込《こ》み、その骨を動かして頭部から足先までの自然なポーズを生み出し、複数のポーズをコマ送りで見せて、歩いたり座ったりする「キャラの動き」を実現するというものだ。

田中さんはキャラクターアニメーションの腕《うで》をみがき、その強みをもってゲーム業界に転身した。コンピュータゲームに3D（三次元）CGが使われ出したころで、立体的なキャラを動かす「3DCGアニメーター」として活躍《かつやく》するようになるのだ。主人公が愛らしいサルたちを追いかけて動き回る大ヒットゲーム「サルゲッチュ」のCG制作にもたずさわり、そのころには「この仕事でやっていけそうだ」という自信も手にしていた。

革新的で楽しい体験の創造を

さらに田中さんは「キャラクターだけでなく、ゲーム全体もつくってみたい」と思うようになる。所属するソニー・インタラクティブエンタテインメントで、プロデューサー職に志願。社内の制作陣《じん》から外部の開発会社まで束《たば》ね、ゲーム開発を管理する立場になった。プロデュース作品のなかには、インターネットでつながった参加者みんなでオンライン上の架空《かくう》世界を繁栄《はんえい》させるゲーム「トゥモローチルドレン」もあり、現実と交錯《こうさく》する仮想世界の可能性を一層感じていく。

そうして参加することになったのが、ソニーグループの横断型プロジェクトだ。ゲーム、音楽、映像、アニメなどグループ内の技術をもちより、「今までにない体験」の創造をめざす。田中さんは冒頭《ぼうとう》

ＶＲゴーグルを装着し、仮想空間に入る　取材先提供

でふれた「ミヅキ討魔伝」のほか、「ネットから入れる仮想空間で、人気アニメやマンガの展覧会を開催《かいさい》する」という企《き》画《かく》にも、メンバーの一員として参画。その開発では、おのおのが自宅からオンライン上の仮想空間に集まり、制作途中《とちゅう》の空間を体感しながら話し合うという、はじめての働き方も経験したそうだ。

「リアルの世界とバーチャルの世界をつないだり、行き来したりできるようにして、人びとの生活が変わるような何かを創造していくことができたら、と思っています。みんながワクワクするような、楽しいことをやっていきたいですね」

田中さんの昔と今の学び

Q どんな子どもだった?

勉強が嫌《きら》いでした。進級に必要なテストの合計点を計算して最低限の勉強しかやらず、職員室に呼ばれたりしていました。

Q 数学をどのように勉強していた?

数学は結構好きだったんです。中学で家庭教師が一時ついてくれたときは、すべての教科を見てもらうはずが、数学ばかりやっていました。答えはひとつでも、たどりつくまでの過程は人それぞれ。いろいろと試行錯誤《しこうさくご》できるというのが、意外と性《しょう》に合っていたようです。

Q 好きだった教科や活動は?

高校までは熱中するものも夢《ゆめ》も見つかりませんでした。ただ、気になることをかじるようにはしていました。続かなくてもいろいろやると、自分に合うものが見えてくると思います。

Q 今は何をどう学んでいる?

最近の動画サイトは、自分の検索履歴《けんさくりれき》を踏《ふ》まえて、おすすめ動画をあげてくれますよね。そうした動画をとっかかりに興味を広げ、資料や論文を読んで理解を深めています。分野としてはAI（人工知能)、あとは流行《はや》りの技術などを追っています。

デジタルクリエータの専門性

Q どうすればなれる?

デジタルクリエータは、デジタル技術を使って映像やゲーム、Web サイトなどをつくる人の総称《そうしょう》だ。その現場では、企《き》画《かく》・ＣＧ・サウンド・プログラミングなどの専門性をもつプロがチームを組んでいる（27ページも参照)。まずは自分がどんな専門性をもちたいかを考え、その力をみがくために、ＣＧやゲームの自作、大学や専門学校での勉強に挑《いど》もう。

Q 何を勉強しておくとよい?

文字や映像、音からなる作品づくりに生きる教科は、国語、美術、音楽、情報など。開発のコツをつかむうえでは数学も重要だ（22ページ参照)。

Q ほかに大切なことは?

田中さんがあげるのは「使う人のことを考える」こと。創作は楽しいが、独りよがりではもったいない。誰《だれ》のためにつくるのか、どうすれば楽しんでもらえるかを意識しよう。

めざせ、自分のレベルアップ!

創造力　**チーム力**　**相手目線**

PICK UP

現実と仮想世界をつなぐ数学

まだ誰《だれ》も知らない「創造の仕方」を考える

コンピュータゲームでは、オンラインで大勢の人と競ったり協力したりすることも可能になり、仮想空間に入り込《こ》むVR（仮想現実）や、現実世界に架空《かくう》のキャラなどが溶《と》け込《こ》むAR（拡張現実）も発展した。一方、インターネットのサービスでも、仮想空間のライブやイベント、学校が生まれている。いってみれば、仮想と現実が入り交じるような、新しい世界をみんなで創ろうとしているのが、今の時代だ。

そうした創造に役立つのが、**わかっていることを組み合わせて問題解決をめざす**、さらに**問題解決のプロセスをふり返って改善する**という数学の考え方だ。たとえばデジタルクリエータの田中さんは「仮想空間の展覧会」で臨場感のある音の響《ひび》きを仲間とめざした。でも実現方法は誰《だれ》も知らない。そこで「仮想空間で遠くに行くほど音量

■「数学」と「創造」のアプローチの共通点

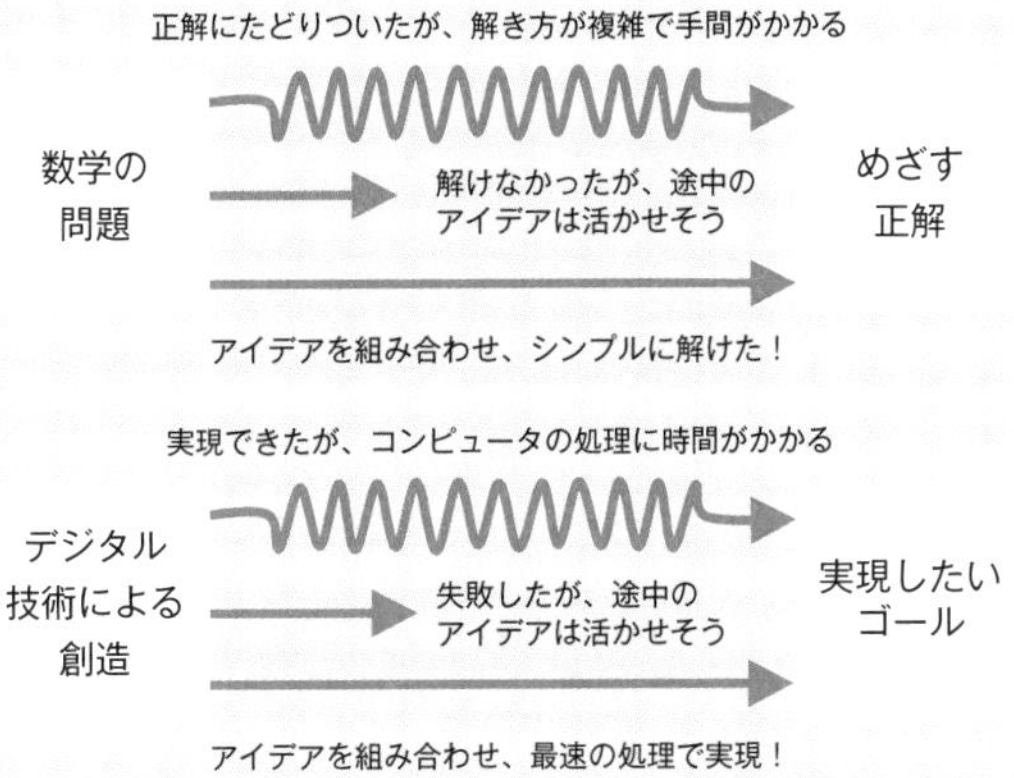
正解にたどりついたが、解き方が複雑で手間がかかる
数学の問題
解けなかったが、途中のアイデアは活かせそう
めざす正解
アイデアを組み合わせ、シンプルに解けた！
実現できたが、コンピュータの処理に時間がかかる
デジタル技術による創造
失敗したが、途中のアイデアは活かせそう
実現したいゴール
アイデアを組み合わせ、最速の処理で実現！

を減らす」「屋内と屋外で響《ひび》きを変える」「話し声は交ざると聞き取れないので、半径1メートルを超《こ》えた声は遮断《しゃだん》する」などといろいろ考え、組み合わせては試し、プロセスをふり返って改善し、仮想空間の音響《おんきょう》をつくり込《こ》んだ。このやり方は、数学の問題を解くときの試行錯誤《しこうさくご》に通じるのだ。クリエータはチームで考えるので、数学の問題をグループで話し合って解けばもっと近くなる。

自然に見える形や動作を描《えが》く

CG（コンピュータグラフィックス）で人物や景色を描《えが》くなら、「形や動きを

とらえるセンス」も必要だ。美術を学ぶ人はそのセンスを観察やデッサンでみがくが、**ものごとを抽象化《ちゅうしょうか》する——具体的な情報を削《そ》ぎ落とし、「形」や「数量」だけ取り出**すという数学の見方でも高められる。人間を「点」と「線」だけの関節のある棒人間にすると、首・肩《かた》・腕《うで》・腰《こし》・足の連動や、重心、身体パーツの比率が見えてくるように。**規則性を見いだす**のも有効だ。きれいな風景の中に、**シンメトリー（対称《たいしょう》）の形や調和の取れた比率**を発見すれば、その造形美を計算して描《か》けるようになる。

三次元のモデルや動作を生み出す

CGで3D（三次元）モデルをつくり、仮想空間で動かすには高度な計算が欠かせない。でも、今では制作ソフトが裏側で計算してくれるので、CGクリエータは、コンピュータ画面上で彫刻《ちょうこく》をするように、または人形をあやつるように、直感的にキャラを造形できる。とはいえ、**平面上に立体空間や空間座標をイメージする**ことはできたほうがいい。なにしろ二次元の画面上で、幅《はば》・高さ・奥行《おくゆ》き（X・Y・Z）のある三次元の形や動きを考えるのだから。

■平面上でとらえる三次元のイメージ

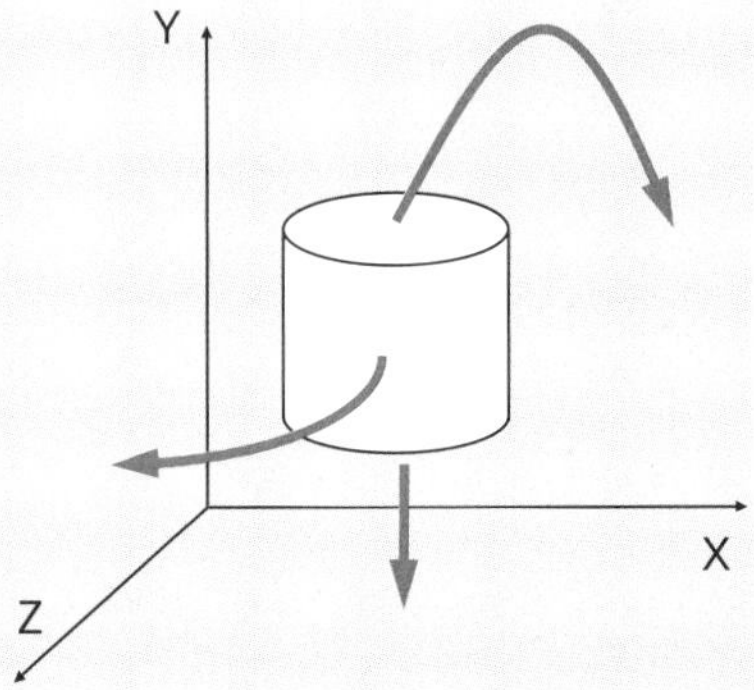
仮想空間でキャラに
「まっすぐ進む」「曲がる」
「ジャンプして着地する」
「加速する」「回転する」
ような動きをさせるときは
一次関数、二次関数、
指数関数、対数関数、
三角関数などを使って
コンピュータに計算させる。

より自在な動きまで実現するときは、エンジニアの出番。キャラの直線的な動き、曲線的な動き、一定の速さの動き、加速する動きなどを、**さまざまな「変化」を表せる関数の式**を組み合わせて表現する。また、空間座標X・Y・Zの数値を、**向きや長さをとらえるベクトルやまとめて計算するための行列**で求めたりもする。手法をゼロから考えるというよりは、すでにある計算手法を道具として使い、コンピュータを動かすプログラムを作成。その際は**順列と組み合わせ**の考え方も活かして、**計算にぬけもれやだぶりのない論理を組み立てる**ことが大切だ。

デジタル編

CGクリエータ

ゲームや映像に使われるＣＧを作成する。背景やキャラクターをデザインするデザイナー、デザイン画をもとに３Ｄのモデルをつくるモデラー、３Ｄモデルに動きをつけるアニメーター、爆発《ばくはつ》や光など特殊《とくしゅ》効果を加えるエフェクターなど、ＣＧクリエータのなかでも役割分担がある。

ゲームディレクター

ゲーム開発の現場監督《かんとく》として、めざす方向性を定め、全体の進行を管理する。

ゲームエンジニア

ゲームでめざすことを実現するための技術的な手順を設計、プログラミングする。

ゲームプランナー

開発するゲームについて世界観やルール、設定を考え、企画書《きかくしょ》にまとめる。

ＩＴエンジニア

ＩＴ（情報技術）を駆使《くし》して、ネットやゲームの土台となる情報システムを開発。

こんな仕事もある!

DTMクリエータ

コンピュータで音楽制作をするプロ。DTM は Desk Top Music の略で、音の高さを決める「周波数」、音色の違《ちが》いや聴《き》こえ方にかかわる「含《ふく》まれる倍音」、音のテンポの「BPM（1分間の拍数《はくすう》）」まであやつり、心地よい楽曲もしくは効果音や音声を仕上げる。ゲーム・映像・音楽業界などで活躍《かつやく》。

Webデザイナー

Web サイトのレイアウト(文字や画像の配置)、配色、ロゴやアイコンをデザイン。

Webディレクター

開発する Web サイトの方向性を定め、全体構成を設計し、制作チームを率いる。

グラフィックデザイナー

ポスターやパッケージなど「印刷物」の文字や写真などの配置、配色をデザイン。

プログラマー

Web サイトやゲームなど、つくるものの設計図をもとに、プログラミングをする。

10代の挑戦！ デジタル編

❶ デジタル技術で絵を描《か》く

スマホやタブレットのお絵《え》描《か》きアプリや、Web サイト上で絵を描《か》けるサービスを使ってみよう。描《か》き慣れている人は、自分の使うアプリに３Ｄ表現の機能がないか調べてみよう。「３Ｄ　絵」などのキーワードでアプリを探してみるのもいい。

❷ デジタル技術でキャラを動かす

「ビジュアルプログラミング言語」という、命令のパーツをブロックのように組み合わせたりしてプログラミングできるツールを使ってみよう。専用アプリや、Web サイト上で挑戦《ちょうせん》できるサービスがある。やってみてほしいのは、画面上でキャラを動かすこと。ゲームをつくりたい人は、ゲーム開発をしやすくした「ゲームエンジン」についても調べて、使ってみよう。

❸ デジタル作品を発表する

デジタルイラスト、デジタル数学アート、プログラミング、ゲームなどのコンテストに応募《おうぼ》しよう。「人に見られる・使われるものに仕上げる」というのは、クリエータに求められる力だ。

2章

ものづくりやデザインをする

INTERVIEW

建築士

美しく、暮らしやすく安全な建物をデザイン

2

桃李舎《とうりしゃ》
1級建築士

吉村水純《よしむらみずき》さん

大学の工芸科学部でデザインや建築を学び、卒業後、スタッフが全員女性という女性建築士が活躍《かつやく》する桃李舎に就職。これまでに、木造住宅、木造のオフィスや保育園、レンガ造りの書庫など、さまざまな建築物の構造設計にたずさわる。

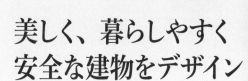

建築でめざす「良い形」とは？

　ものづくりで「良い形」といえばなんだろう。それはきっとひとつの単語では表せない。美しい形、使いやすい形、安全な形。基本はそのすべてを満たす形をめざすからだ。建物であれば「見栄えがよくて、暮《く》らしやすい空間で、重力や地《じ》震《しん》にも負けない形にする」というように。

　大学でデザインを学んだ吉村さんは、グラフィックやインテリア以上に、建築のデザインに惹《ひ》かれたという。

「重力や使い勝手という制約がある中で『合理的なデザイン』を追求する、というところが、おもしろそうだな、と思ったのです」

　だから学生時代から建築士をめざすようになる。建物の形を外側から内側までデザインし、図面にまとめるプロだ。

　めざす中で知ったこともある。建築のデザインとは、一人で行うものではなく、異なる専門性をもつ建築士が力を合わせて進めるということだ。具体的には、建物の外観や内装《ないそう》をデザインする「意匠《いしょう》設計の建築士」と、建物の安全性を考え骨組みを計画する「構造設計の建築士」だ。

　吉村さんは「建物を骨組みから、柱や梁《はり》のサイズまで自分で計算して考えてみたい」と思った。そこで構造設計の道に進むことを決意し、大学卒業後、建築構造設計事務所の桃李舎に入社した。

「意匠《いしょう》」と「構造」の二人三脚《きゃく》

新人時代は、事務所で飛び交う言葉の意味がわからず戸惑《とまど》ったという。木材や鋼材の多種多様な名称《めいしょう》、骨組みの安全性を計算するための専門的な数式。吉村さんはメモを取ってはひとつずつ覚え、仕事に慣れていった。入社1年目から木造住宅の構造設計にたずさわり、5年目となる現在までに、保育園やオフィス用の建物の設計も担当した。

その中で実感したのが、「コミュニケーションを取る大切さ」だ。構造設計を担当する吉村さんは、社外の意匠《いしょう》設計の担当者とタッグを組み、意見を出し合って建物の図面をまとめていく。その際に意匠《いしょう》設計側からは、建物の美しさや暮《く》らしやすさを追求しようと、「この柱をなくしたい」などという意見が出てくる。しかし、安全性を考えると構造設計としては賛成できない考えもあり、意見をすり合わせる必要があるのだ。

「意匠《いしょう》設計者は、柱を部屋から完全になくしたいのか、少し位置をずらせば柱はあってもいいのか。相手の意図をきちん

所長から先輩まで、女性の建築士がいきいきと活躍している桃李舎　取材先提供

と理解し、おたがいの譲《ゆず》りたくないところを確認したうえで、最善の方法を見つけていきます。大変だけど楽しい部分でもあって『これだ！』という案にたどりつけると、うれしいですね」

分厚い計算書とも向き合って

建物の図面完成後にフォローする仕事もある。図面をもとに、いざ建築工事が始まると、職人さんが組み立てにくい接合箇所が見つかったり、給水用の配管を通すために梁《はり》に穴をあけることになったりと、計画していた骨組みに微調整《びちょうせい》を加える必要も出てくるからだ。工事現場の責任者は、建設会社や工務店の人びと。彼《かれ》らと話し合い、つくりやすさを考慮《こうりょ》して調整方法を決め、その骨組みの安全性をあらためて計算で確かめる。

吉村さんは入社2年目のときに、1000平方メートル近くある木造オフィスの建築工事のフォローを担当した。桃李舎がある大阪《おおさか》から、工事現場がある岡山《おかやま》へと、所長といっしょに毎週のように通って、打ち合わせを重ねたという。おおもとの構造設計をメインで担当したのは産休中の先輩《せんぱい》で、その先輩《せんぱい》が作成した1000ページ以上もある計算書のファイルも見返した。骨組みに調整を加えることになった部分について、もともとは安全性をどのように計算したのかを自分が学び、そのうえで条件を変えて計算し直し、骨組みのあり方を最終決定するためだ。そうして、日々の仕事を通しても、建築士としての腕《うで》をみがいていった。

豊かな発想で斬新《ざんしん》なデザインを

建築物にはさまざまなタイプがあり、今も吉村さんは挑戦《ちょうせん》を続けている。たとえば、文化財の「レンガ造りの書庫」を補強するための構造設計。補強材や梁《はり》を安全面を考えて合理的に配置したいが、文化財なので現状のまま保存すべき箇所《かしょ》

骨組みの構造が美しい木造オフィスの内装　取材先提供

もあり、歴史学の専門家と相談して進めている。「ふだんとはまったく違《ちが》う思考回路で考えています」と、新たな難問との出合いを楽しんでいる。今の目標は「自分の引き出しを増やす」ことだという。

「『こんなデザインにしたいが構造的にむずかしい』という壁《かべ》があっても、発想の転換《てんかん》で解決方法を見つけられるように、思考の幅《はば》を広げたいのです。そうしてアイデアを図面に落とし込《こ》み、実際に形にできるとすごく達成感があります。骨組みが立ち上がった状態を目にしたときは、いつも感動します。やっぱりきれいなんですよ、建物の骨組みって」

吉村さんの昔と今の学び

Q どんな子どもだった?

勉強は好きでも嫌《きら》いでもなく（笑）。中学は吹奏楽《すいそうがく》部、高校は演劇部と、文化系の部活動を楽しんでいました。

Q 数学をどのように勉強していた?

高校数学でイメージをつかみづらくなり、先生に「微分《びぶん》・積分はなんのためにあるんですか」などと聞き、活用例を教わっていました。膨大《ぼうだい》な宿題が出たときは「考える時間が大事」と思い、おもしろそうなものは時間を気にせず取り組み、ほかは解答を写すこともありました。

Q 好きだった教科や活動は?

演劇です。脚本《きゃくほん》を読み込《こ》み、登場人物がどんな心情で発言したかを論理立てて追いかける。実は数学の論理展開と似ているんです。おかげで国語への苦手意識がなくなりました。

Q 今は何をどう学んでいる?

変わった形状の骨組みや、新しい材料の設計に挑《いど》むたびに、安全性をどう計算すればいいか、専門書で調べます。その計算の理論を根本から学ぶために、社内で勉強会をすることも。散歩中に街の造形物を眺《なが》めることも勉強になります。

建築士の専門性

Q どうすればなれる？

建築のデザインでは、「力のかかりぐあいを計算しながら」「暮《く》らしやすい空間を」「美しい形に描《えが》く」というように、理数系のセンスと、生活面のセンス、美術的なセンスの三つが求められる。これらを大学や専門学校の専門コースで学ぶのが一般《いっぱん》的《てき》だ。学んだあとの代表的な進路には、構造設計のほか、意匠《いしょう》設計、設備設計がある（42ページも参照）。

Q 何を勉強しておくとよい？

数学や理科、家庭科、美術や図工で、先にあげた三つのセンスを高めよう。理科では「力のはたらき（力学）」がとくに重要。ふだんから建築物や自然の造形を観察することも大事だ。

Q ほかに大切なことは？

建物をつくるときは、図面を作成するときも工事をするときも、複数の人で意見を交わしながら進めていく。それだけに対話を通してアイデアをまとめていく力も欠かせない。

めざせ、自分のレベルアップ！

観察力	力学	対話力

PICK UP

ものづくりやデザインのための数学

立体空間をイメージして正確に形づくる

現代のものづくりは、建築士やデザイナー、設計エンジニアといった「形を考えて図面や絵にするプロ」から、建設現場の監督《かんとく》や大工、工場職人といった「描《か》かれた図面をもとに実際に工作するプロ」までが、力を合わせて進めている。

これらの仕事では、**平面上に立体空間をイメージする**ことが日常になる。たとえば建築士は、三次元の建物を真横や真上からとらえた平面図や、建物を切ったときの切り口となる断面図を作成。一方、建設現場で働く人は、その図面を見て立体をイメージして工事をするのだ。**図形の性質に注目して長さや量を計算する**こともする。家を建てるにあたり、屋根の重さに負けない骨組みにしたいとしよう。そんなときは39ページの図のように、三角比を使って屋根の重さを計算するところから始めるのだ。

■ 屋根の重さを求めるには？

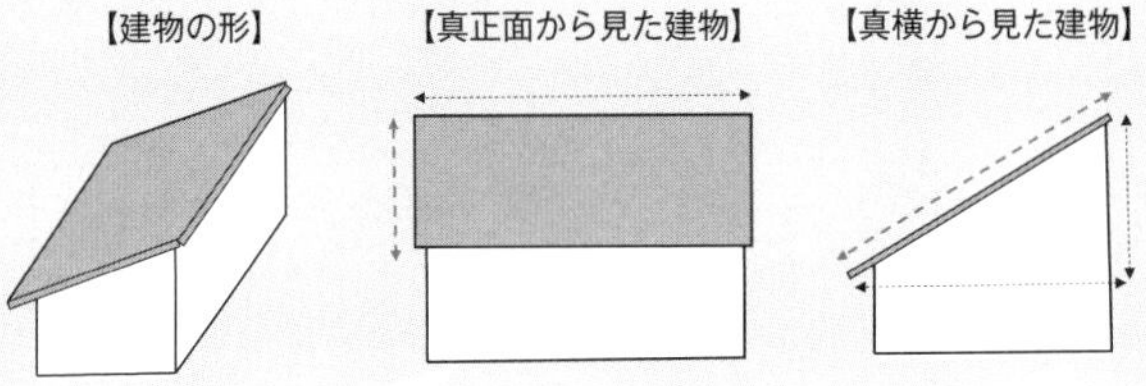

屋根の横幅（黒い矢印）は決定している。傾斜のある屋根の縦幅（青い矢印）がわかれば、縦×横で「長方形の面積」つまりは「屋根の面積」を求められる。

屋根を斜辺とする三角形をイメージすると底辺と高さ（黒い矢印）は決定しているので三平方の定理や三角比を使った計算で傾斜のある屋根の縦幅（青い矢印）がわかる。

屋根の面積がわかったら、あとは「屋根の面積×１平方メートルあたりの屋根の重量」を計算すれば、この建物の屋根の重さがわかる！

理にかなった形にするために

「理にかなった形をとらえるセンス」も必要になる。きれいな形や頑丈《がんじょう》な形には、バランスのよさなど何かしらの理由がある。世の中にあるものをよく観察し、形の特徴《とくちょう》をとらえよう。複雑な形を「点」と「線」でとらえるなどものごとを抽象《ちゅうしょう》化《か》することや、規則性を見いだすことも有効だ（24ページも参照）。

また、「安全な形」までめざすなら、わかっていることを組み合わせて問題解決をめざすことも重視しよう。建築であれば「どんな骨組みだと地面に立てたときに安定するか」「地震《じしん》の揺《ゆ》れにどう対応するか」といったことを、数学や理科の知識を組み合わせて考えるのだ。具体的には、**力や重さによる物体の変化をとらえる方程式、力の分解や合成をするベクトル、揺《ゆ》れなどの現象を波のグラフでとらえる三角関数、時間による変化を細かく見たり足したりするための微分《びぶん》・積分**などを使う。

ややこしそうな文字式を「便利なもの」として使う

ちなみに、「形の安全性を計算する手法」はすでにいろいろ編み出されているので、ゼロからは考えなくていい。すでにある計算式を使い、コンピュータで解くのが一般《いっぱん》的《てき》だ。ただ、さまざまな計算式の意味を自分が理解していないと、コンピュータに指示を出せない。大前提として、コンピュータに計算させるための**数学的な論理を一つひとつ積み上げる**ことができないといけない。ではどんな論理を組み立てるかというと、41ページの写真の数式のように、部外者にはまるで意味がわからない。

そこで重要になるのが、**文字や記号のある式を使いこなす**ことだ。中学校や高校の数学でも、x、a、√、Σ、sinなどが登場し、「ややこしい」と感じた人がいたかも

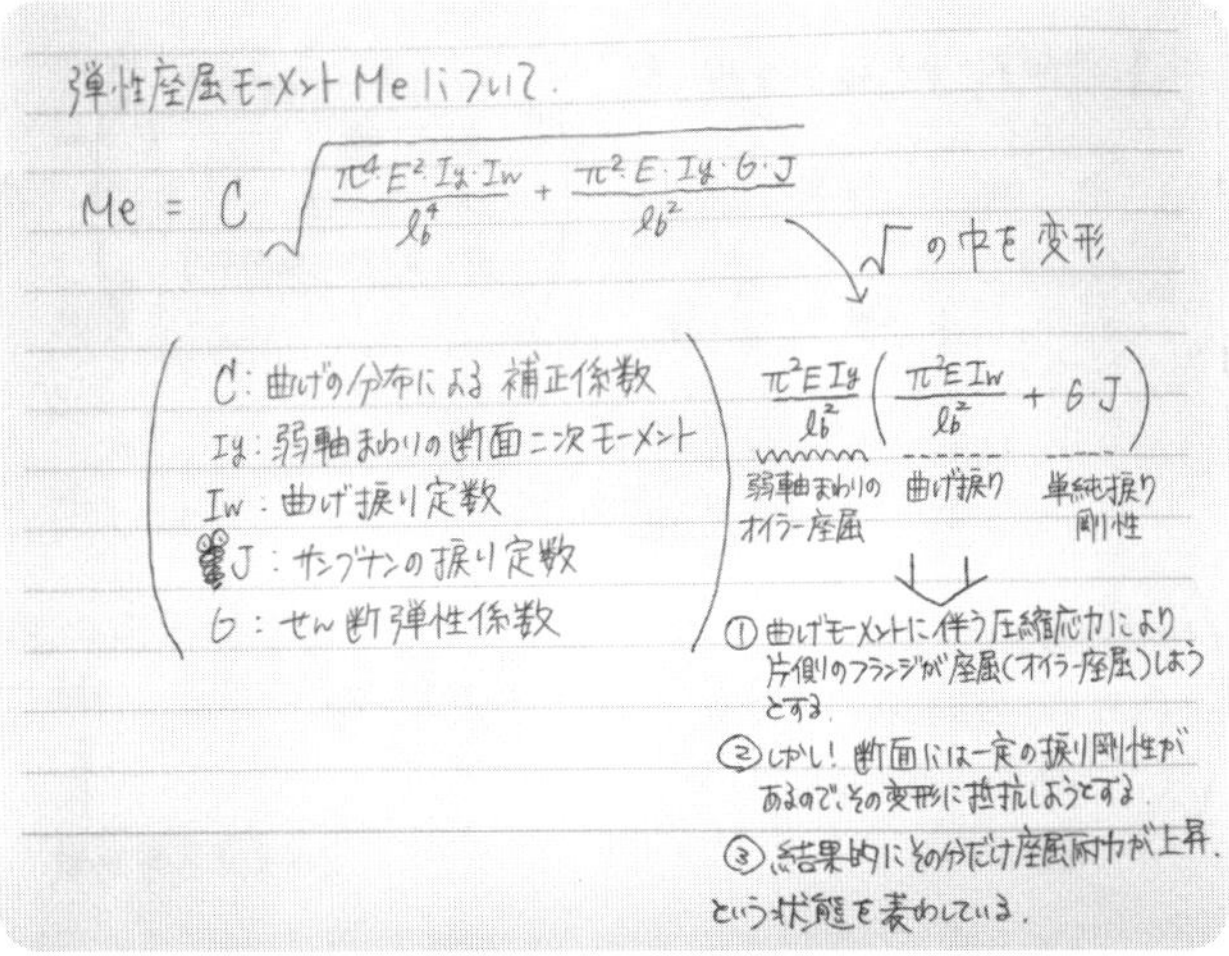

吉村さんが新人時代に必要なことを覚えるために手書きしたメモ

しれない。けれどもこれらの文字や記号の意味を理解すると、「日本語で説明すれば長くなる考え」を一瞬《いっしゅん》で伝え合える。結果、新しい計算手法もシンプルな数式で学べるようになるのだ。また、たとえば上の式の「曲げ捩《ねじ》り定数（Iw）」は、断面形状によって数値が変わるのだが、条件が変わろうと、式のIwの**文字に数値を代入して計算**すればいいので、いろいろなケースにこの数式を応用していける。

　こうした文字式を「便利」と感じるようになれば、新しい計算手法をスマートに学びながら、柔軟《じゅうなん》に論理を組み立てて、ものづくりに挑《いど》めるようになるはずだ。

ものづくり編

建築士（意匠《いしょう》設計）

建物の外観や内装《ないそう》をデザインする。建築デザインを取りまとめる立場で、建築を依頼《いらい》したお客さまから、構造設計をする建築士、建物の設備設計をする建築士とも話し合い、建物の全体像を描《えが》いていく。構造設計の建築士のような複雑な計算はしないが、立体空間をイメージする力は欠かせない。

建築士（設備設計）

建物の換気《かんき》・給排水《きゅうはいすい》・電気のための配管や配線など、設備のあり方を図面にする。

CAD オペレーター

設計者やデザイナーの要望をもとに、コンピュータの専用ソフトで図面を作成。

建築施工《せこう》管理技士

図面をもとに、建築工事の段取りを考え、工事現場で職人の作業の指揮を取る。

大工・鉄筋工

建物の図面をもとに、木材や鉄筋の切断・加工・組み立てを行い、骨組みを築く。

こんな仕事もある!

機械設計エンジニア

デザイナーによる製品デザイン（意匠《いしょう》）を踏《ふ》まえて、機械の構造や、機械が動くメカニズムを考える。頑丈《がんじょう》で壊《こわ》れにくい構造といった「安全性」の実現から、十分なスピードやパワーといった「性能」の実現までめざして、機械のあり方を思い描《えが》き、コンピュータによる計算で細部まで詰《つ》めて、図面に落とし込《こ》む。

生産技術エンジニア

製品の設計図をもとに、工場の生産設備（産業機械やロボット）を考える。

制御《せいぎょ》設計エンジニア

「機械の動きをコントロールする頭脳」となるシステムを設計、プログラミング。

工場職人

製品の設計図をもとに、金属やプラスチック、木材などの加工や組み立てを行う。

プロダクトデザイナー

家具・家電・自動車などさまざまな製品のイメージを、スケッチや模型で表す。

10代の挑戦！ものづくり編

❶ 身のまわりの形をとらえ直す

消しゴムやペットボトルを真上や斜《なな》めから見たらどんな形になるか、確認して簡潔な線で描《か》いてみよう。果物を切ったときの断面に注目してみよう。建物や橋に三角形や四角形の「骨組み」がないか探してみよう。形の美しさや規則性を発見するほど、その経験をものづくりやデザインに活かしていける。

❷ 立体図形をいろいろな角度から描《か》く

やり方は二つある。ひとつは、定規やコンパスで紙に線を引いて立体を描《か》くこと。もうひとつは、デジタルのお絵《え》描《か》き・図形描《びょう》画《が》アプリで画面上に線を引いて立体を描《か》くことだ。ものづくりの仕事ではコンピュータによる図面作成が当たり前になってきたので、プロが使うソフトのことも調べてみよう。

❸ 物理の勉強で文字式になじむ

高校の理科の選択《せんたく》科目「物理」では、力のはたらきなどを、E、m、Δなどの文字を含《ふく》んだ数式で学ぶ。その勉強を通して「力学」の基礎《きそ》を押《お》さえ、文字式にもなじんでいこう。

3章

未来に向けて開発や開拓をする

INTERVIEW

宇宙研究開発者

人工衛星がどう進むかを正確に把握する

宇《う》宙《ちゅう》航《こう》空《くう》研《けん》究《きゅう》開《かい》発《はつ》機《き》構《こう》（JAXA）
追跡ネットワーク技術センター軌道力学チーム

松《まつ》本《もと》岳《たけ》大《ひろ》さん

大学・大学院で、数学の一分野である確率論を研究する。修士課程を修了《しゅうりょう》し、宇宙航空研究開発機構（JAXA）に入社。人工衛星や探査機の軌道《きどう》を確認し、データの送受信や監視制御《かんしせいぎょ》をミッションとする今のチームに所属。

人工衛星の位置・距離《きょり》をピタリと当てる

松本さんは、宇宙航空研究開発機構（JAXA）で、宇宙における人工衛星の位置を正確に把握《はあく》するための仕事をしている。これは「軌道《きどう》決定」とよばれるもの。今、地球のまわりを回っている衛星がどこにいて、これからどこに向かうのかを予測し、衛星が「迷子」にならないようにしているのだ。

そのしくみは、衛星から位置などの情報を、地球のパラボラアンテナで信号として受け取り、そのデータを使って軌道《きどう》とよばれる衛星の進路を計算するというもの。必要なときは、衛星の動きをコントロールするための信号を地上から衛星に送る。「衛星を見失わないようにできるかどうかは、衛星のまさに生き死ににかかわることです」と松本さんは話す。

頭の中の像は、むだなく美しい

松本さんは幼いころから算数・数学が好きで、大学では数学を学ぼうと理学部に進んだ。専攻《せんこう》は確率論。どれが起こるかいえない場合について、それが起きる「確からしさ」を研究する分野だ。

数学者になることも考えたが、「数学の知識をより社会に活かしたい」という思いがあり、これを実現できる就職先を求めた。宇宙に対して、「いいな。この分野をめざしてみようかな」という思いが膨《ふく》らみ、確率論の知識を軌道《きどう》力学の研究に活かせると考え、ＪＡＸＡへの就職を志し、入社を果たした。

「軌道《きどう》もですが、ふれられないものが好きなんです。数学でも、工場で部品を何個つくれるかといった問題より、グラフ上の点がどう動いていくかといった問題のほうが好きでした。頭の中でイメージできることはむだがなく、美しいと感じます」

宇宙の「ものさし」を改良する

松本さんは軌道《きどう》決定の仕事のほかに、衛星までの距離《きょり》を正確に測るための「衛星レーザ測距《そっきょ》」（ＳＬＲ：Satellite Laser Ranging）の技術を改良することも、仕事のひとつとしてきた。

ＳＬＲは、地球から宇宙の衛星などにレーザー光を当てて、反射して戻《もど》ってくるまでの時間を測ることで、往復の距離《きょり》を測るというものだ。距離《きょり》を正確に測れると、グローバル・ポジショニング・システム（ＧＰＳ：Global Positioning System）など、ほかの技術で軌道《きどう》を求

各種のデータを使って軌道決定のオペレーションや軌道力学の研究を行う

めたときの正確な「ものさし」になる。

　今後、松本さんの同僚《どうりょう》が開発した「Mt.FUJI」という光反射装置《そうち》を搭載《とうさい》した衛星が多く打ち上げられ、SLR装置《そうち》が放ったレーザー光が効率よく反射されるようになりそうだ。衛星の状況《じょうきょう》を把握《はあく》することはもちろん、役目を終えた衛星からのスペースデブリ（宇宙ごみ）の発生を抑《おさ》えることにも貢献《こうけん》できると、JAXAの研究開発者たちは見ている。

　SLRはすでに日本でも3カ所で使われていたが、松本さんの勤務地JAXA筑波《つくば》宇宙センターに設置することとなり、松本さんが改良装置《そうち》をつくることになった。全体的にコンパクトにするとともに、一秒間に放つレーザー光の数を増やして平均の距離《きょり》データをより正確なものにしたり、丈夫《じょうぶ》な波長の光を追加して光を衰《おとろ》えにくくしたりした。

「レーザーと反射ミラーを買ってきて、自分でSLRの試作装置《そうち》を手づくりし、地上で距離《きょり》を測ってみるといったところから始めました。新しい装置《そうち》をつくることができたことに、達成感があります」

さらに正確な軌道《きどう》の推定をめざす

松本さんは、衛星の位置や地上からの距離《きょり》をさらに細かく、センチメートルのレベルで求める仕事もしている。こちらは「高精度軌道《きどう》決定」とよばれる研究分野にあたる。たとえるなら、日本の南端《なんたん》から、北端《ほくたん》あたりを移動中のマシンの位置や距離《きょり》をほぼピタリと当てるようなもの。GPSの精密なデータを使って、衛星の軌道《きどう》を精密に求めていく。軌道《きどう》をより正確に推定するため、「TAKUMI」とよばれるソフトウエアを改良している。

なぜ、そこまでの精度が必要なのか？ たとえば、地上を観測するための衛星が、地上の写真を微妙《びみょう》に位置ずらしをしながら2回撮《と》ることで、地上の標高などの情報を正確に得られるようにするのだ。

JAXA 筑波宇宙センター内に新しく建設されたSLR棟

「精度が高まるほど地上の標高が正確に求められるので、そうした情報を使って行う地形の研究などに役立ちます」と松本さんは言う。

軌道《きどう》の推定は、力学モデルとよばれるモデルをもとに行われている。松本さんは、宇宙物理などでわかってきた最新の調査結果などもモデルに反映させて、軌《き》道《どう》の推定をより正確なものにしようとしているのだ。

「高精度軌道《きどう》決定の結果を、自分のつくったSLRで検証する。これが第一の目標です」

松本さんの昔と今の学び

Q どんな子どもだった?

父が数学者で、家の中に数学がありふれている中で育ちました。小学校を卒業するころまで、『算数おもしろ大事典』という本を夢中《むちゅう》で見ていました。

Q 数学をどのように勉強していた?

参考書の問題をひたすら解いていました。「複雑そうなこの問題の構造はどうなっているのか」に目をとめ、本質を抽出《ちゅうしゅつ》してシンプルなものにして考えていました。他教科の勉強の息抜《いきぬ》きが数学という感じでした。

Q 好きだった教科や活動は?

数学のほかは、理科のとくに物理が好きでした。理論的に学ぶ教科・科目が好きだったのだと思います。

Q 今は何をどう学んでいる?

自分の研究にかかわる論文を、空いている時間に読んでいます。新しいアイデアを生み出すためには、研究開発でどんなことが行われているかを知らなければなりません。インプットは大事です。たくさん論文を読んでいると、どういうところに、研究開発者たちの関心が高まっているのかも見えてきます。

宇宙研究開発者の専門性

Q どうすればなれる?

松本さんのように大学で数学専攻《せんこう》だった人は、JAXA の研究開発者ではめずらしい。工学や物理学などを専攻《せんこう》した人のほうが、就職には向いているといえる。

たとえ宇宙開発に関係しないことでも、「自分の好きなこと」「得意なこと」を見つけて膨《ふく》らませておくことが、就職や日々の仕事で大切となる。

Q 何を勉強しておくとよい?

軌道《きどう》力学を専門にしたい場合は、宇宙空間で宇宙機などの物体がどう動くかが焦点《しょうてん》となる。その理解のための物理の知識や、計算のための数学の知識、またこれらの考え方を広く身につけておくといい。

Q ほかに大切なことは?

宇宙というものへの好奇心《こうきしん》はあるだろうか。宇宙に対して夢《ゆめ》やロマンを抱《いだ》いている宇宙研究開発者は、やはり多い。

めざせ、自分のレベルアップ!

物理	好奇心	特技

PICK UP

開発や開拓のための数学

開発と開拓《かいたく》。対象は実際のものも実際にはないものも

新しい技術や製品を、実際に使えるようにすることを開発という。また、新しい領域に進んでいくための道をつくることを開拓《かいたく》という。開発や開拓《かいたく》の対象には、製品や空間といった実際のものもあれば、しくみや分野といった実際にはないものもある。すべての場合においてとても大切になるのが、数学の知識をもっていること、それに数学の考え方を使うことだ。

言語と同じように数学の知識が仕事の前提となる

どんな数学の知識をもっているとよいかは、開発や開拓《かいたく》の対象が何であるかにもよる。たとえば、人工衛星の位置を正確に把握《はあく》するには、確率論における推定とよばれ

■人工衛星の追跡とベースになる数学

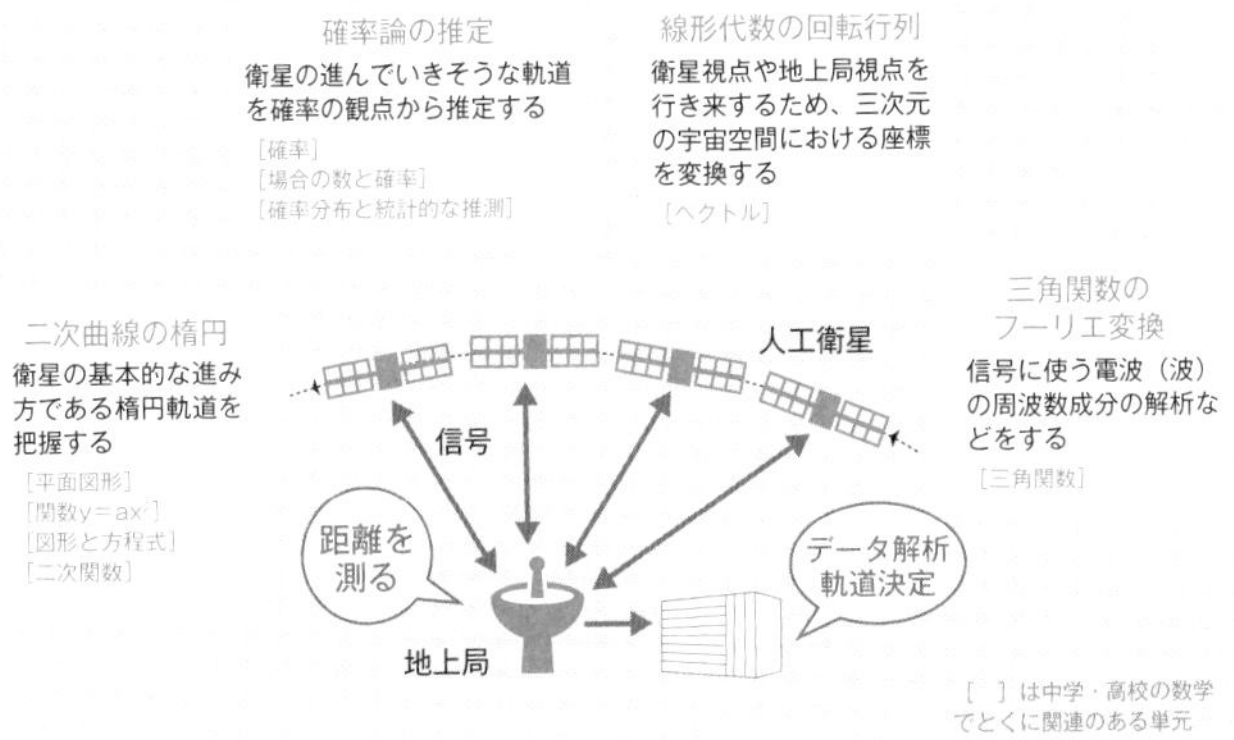

確率論の推定
衛星の進んでいきそうな軌道を確率の観点から推定する
[確率]
[場合の数と確率]
[確率分布と統計的な推測]
線形代数の回転行列
衛星視点や地上局視点を行き来するため、三次元の宇宙空間における座標を変換する
[ベクトル]
二次曲線の楕円
衛星の基本的な進み方である楕円軌道を把握する
[平面図形]
[関数y＝ax²]
[図形と方程式]
[二次関数]
三角関数のフーリエ変換
信号に使う電波（波）の周波数成分の解析などをする
[三角関数]
人工衛星
信号
距離を測る
データ解析軌道決定
地上局
[ ]は中学・高校の数学でとくに関連のある単元

る方法がいる。真の状態量がわかっていないとき観測データを用いて状態量を求めるため使うもので、人工衛星の軌道《きどう》を計算する基本的な知識となる。また、ベクトルの空間を扱《あつか》う線形代数という分野の回転行列とよばれる知識もいる。これは、「地球からの視点で見た人工衛星Aの位置」や、「国際宇宙ステーションからの視点で見た人工衛星Aの位置」のように、複数の視点をつなげるために必要な知識だ。

　これらの数学の知識の多くは、開発や開拓《かいたく》での前提となるもの。つまり、人と話すときに言語がいるのと同じくらい、もっていて当然のものとなる。また、数学のひとつの分野の知識だけもっていればよいということはほぼない。

ものごとを抽象化《ちゅうしょうか》してみる

数学の考え方も開発や開拓《かいたく》に有利になる。ぜひもっておくとよいのが、**ものごとを抽象化《ちゅうしょうか》してみるという考え方**だ。「車」「コイン」「富士山」といった具体的なものから、それぞれ「車輪で走るもの」「$x^2+y^2=r^2$」「円錐」など本質的な構造を抽出しようとする。開発や開拓《かいたく》でも、たとえばSLRについて、構成するそれぞれの機器の使い方やつなぎ方といった具体的な技術を理解しつつも、「レーザーの往復時間で衛星までの距離を測るもの」と抽象化《ちゅうしょうか》することができる。

抽象化《ちゅうしょうか》できると、その技術のために必要となる原理が裸《はだか》の姿で見えてくる。原理がわかっていれば、複雑な技術をめざすときも、「この原理が基本」と、考えの拠《よ》りどころをもてるようになる。改良やアレンジがしやすくなるのだ。

■開発や開拓でのワーストケースの設定

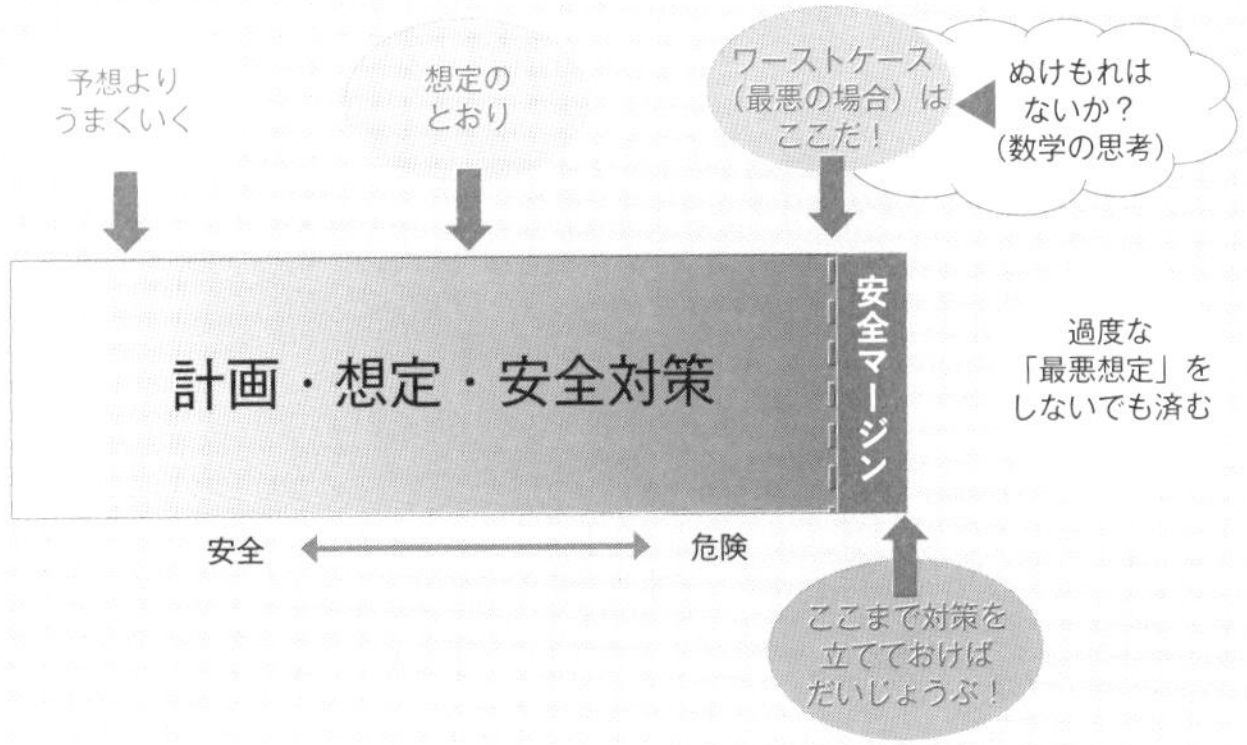
予想より
うまくいく
想定の
とおり
ワーストケース
(最悪の場合)は
ここだ!
ぬけもれは
ないか?
(数学の思考)
計画・想定・安全対策
安全マージン
過度な
「最悪想定」を
しないでも済む
安全
危険
ここまで対策を
立てておけば
だいじょうぶ!

ワーストケースをぬけもれなく割り出す

もうひとつ、もっておくとよいのが、ワーストケースを割り出すという考え方だ。考えられるどんな悪いことが起きてもだいじょうぶなつくりを、準備することができる。

数学は「ぬけもれのない考え方」を積み重ねていくもの。反例がひとつでも見つかると、その証明は崩《くず》れてしまう。数学でつねに「ぬけもれはないか」と考える習慣が、「ワーストケースは本当にこれでよいか」と考えることに、役立つのだ。

開発・開拓編

バイオ研究者

生物学や生命科学とよばれる研究分野で、動物や植物など生きもののしくみについて解明をしたり、また医療《いりょう》や材料開発などへの応用に結びつくような発見をしたりする。「バイオ」は「生命」や「生物」の意味。「21世紀はバイオ研究の時代」ともよばれており、研究者の活躍《かつやく》が今後も期待される。

材料開発者

原料を化学合成したり、混合させたりして、新しい機能をもつ材料を開発する。

地底研究者

地底の地質や微生物《びせいぶつ》などの状況《じょうきょう》について、サンプルなどをもとに探査する。

新品種育成者

農作物などの新たな品種を開発する。新品種を登録すると育成権を与《あた》えられる。

6次産業者

農業など第1次産業のほかに、加工などの第2次産業、サービスの第3次産業も担う。

こんな仕事もある!

製薬研究開発者

医薬品をつくって世に出す。候補の化合物を探すことから始め、医薬品になりそうな化合物の選定、動物を対象とした効果や安全性についての試験、ヒトを対象にした効果や安全性の試験を行う。医薬品になるまで10年はかかるとされ、途中《とちゅう》で開発中止になることもあるが、多くの人の命を救うこともできる。

海洋研究者

海の中などを深海探査機や水中ロボットなどを使って探査し、なぞを解く。

都市開発者

新たな街を計画・設計する。IoTなどスマート技術を取り入れることも多い。

宇宙飛行士

宇宙船に搭乗《とうじょう》し、宇宙ステーションの操作・保全や、宇宙での実験や研究を行う。

発明家

技術を発明し、特許権をもつことで、その技術を使いたい企業《きぎょう》から使用料を得る。

10代の挑戦！ 開発・開拓編

❶ 役立っていると感じるものを見つけて調べる

「これって、あるのとないのとでは大違《おおちが》い」と思えるような、自分の生活に役立っている製品や技術を、部屋を見回したり、街中を歩いたりして見つけてみよう。それが誰《だれ》によってどのように開発されたのか、調べてみよう。

❷ 役立っている具体的なものごとを抽象化《ちゅうしょうか》してエッセンスを書く

便利な製品や役立っているしくみなどに注目して、「便利ポイント」や「お役立ちポイント」を抽象化《ちゅうしょうか》して、エッセンスを書いたり描《えが》いたりしてみよう。そして、そのエッセンスがほかの分野でも活かせないか、考えてみよう。

❸ 行ったことのない場所や空間の写真・絵を見てみる

訪れたことはないけれど、興味のある場所や空間をインターネットで検索《けんさく》したり、グーグルマップでたどったりして、写真・絵を眺《なが》めてみよう。国内でも、外国でも、宇宙でもどこでもいい。なぜ、そこに惹《ひ》かれたのか、言葉で表してみよう。

4章

チームの戦略を練る

INTERVIEW

マーケティングアナリスト

データを分析し商品戦略に活かす

株式会社《かぶしきがいしゃ》ローソン
デジタルマーケティング部

小《こ》林《ばやし》敏《とし》郎《ろう》さん

大学の商学部でマーケティングを学び、ローソンに就職。全国の店舗《てんぽ》で利用できるインターネットサービスを立ち上げてから、データ分析《ぶんせき》をする今の部署に。コンピュータを使った分析《ぶんせき》ツールの開発も進める。

ある商品を売り続けた理由は？

コンビニエンスストアのローソンでは、低糖質でカロリーひかえめな健康志向のパンがいろいろ売られている。実はこれらのパンは、ふつうの売上分析《ぶんせき》であれば、カット（お店に置くのを止める）の対象になる商品だった。それ以上に売れているパンがほかにあったからだ。

けれども、小林さんたち本社のマーケティング部は、売り続けるという決断をした。なぜだろう？

小林さんたちが目をとめたのは、健康志向のパンの「リピート率」の高さだ。

ローソンの本社には、全国の店舗《てんぽ》で会員カードを出して買い物をしたお客さまのデータが集まる。そのデータを分析《ぶんせき》したところ、健康志向のパンは、くり返し（リピートして）買っているお客さまが多く、一定数に強く求められていたのだ。だから大事な商品として育てようとした。ねらいは当たり、健康志向のパンは看板商品のひとつになった。

マーケティングアナリストの小林さんの仕事は、このように「さまざまなデータを活用して、ローソンがいい商品をつくったり、品ぞろえをよくしたりしていけるように支援《しえん》していくこと」だ。

全国から集まるデータを分析《ぶんせき》

コンピュータが好きだった小林さんは、「インターネットで人びとの生活を変えるような仕事をしたい」と思い、大学卒業後にローソンに飛び込《こ》んだという。

「日本の全都道府県にお店があり、そこをつないで情報をやり取りするコンピュータネットワークと、商品を届ける物流ネットワークをもつローソンなら、おもしろい挑戦《ちょうせん》ができると思ったのです」

入社すると、インターネットビジネスが広がりつつあった草分け時代に、当時革新的だったシステムの開発にたずさわった。ローソンの店内の機器でネットショッピングの支払いなどができるしくみや、商品紹介《しょうかい》をする自社サイトなど、今に受け継《つ》がれているシステムだ。

そのあとで担当したのが、全国に1万4000店以上ある店舗《てんぽ》からコンピュータネットワークで吸い上げたデータを分《ぶん》析《せき》し、商品戦略や品ぞろえ戦略に役立てる、という現在の仕事だった。

ある商品の売れ行きに深く関係している要因はなんだろう。お客さまの性別や年代による違《ちが》いはあるのか。天候や地域による差はあるのか。リピート率はどうなのか。小林さんはデータをさまざまな

日本全国にあるローソンの店舗　取材先提供

角度から分析《ぶんせき》し、これからの作戦を考え、社内で提案をしていった。

提案が通らなくてもくじけない

もっとも、データ分析《ぶんせき》にもとづく提案がいつも通るとは限らない。

売り場の一部を全国規模で改装《かいそう》する計画が立ち上がったときのこと。小林さんはその売り場に並《なら》べる商品がよく売れているお店の特徴《とくちょう》を、社内のデータから、国の調査データ、地図情報まであわせて分析《ぶんせき》した。そして「この年代の男性が多い地域のお店から先に改装《かいそう》したほうが、より効果が出る」という作戦をまとめた。

しかし、すでに計画が動き出していたこともあり、渾身《こんしん》の提案は聞き流されてしまったという。このときはさすがに小林さんも落ち込《こ》んだ。

では、そこからどうしたのか。

「誰《だれ》でもどんな仕事でも、うまくいかないことはあると思うんですよ。そういうときは、自分の何が悪かったかを考えます。わかりやすく伝える努力が足りなかったんじゃないか。伝えるタイミングや、自分の課題の置き方がずれていなかったか。このときの経験と、この分析《ぶんせき》のために必死に勉強したことは、その後の取り組みに活かすことができました」

みんなにとって役立つデータに

小林さんが提案した、社内で重宝されるようになったデータ分析《ぶんせき》の手法もある。

67ページの図のように、性別や年代ごとに分けたお客さまがどういう商品をよく買うのかを、全国の店舗《てんぽ》から集めたデータを分析《ぶんせき》したうえで、「円の大きさと近さ」で表し、直感的につかめるようにしたものだ。このグラフをつくるまでの過程では、データの重みづけなど複雑な計算をしていて、手作業でやると一日に2枚を作成するのがやっとだという。

そこで小林さんは計算のロジック（論

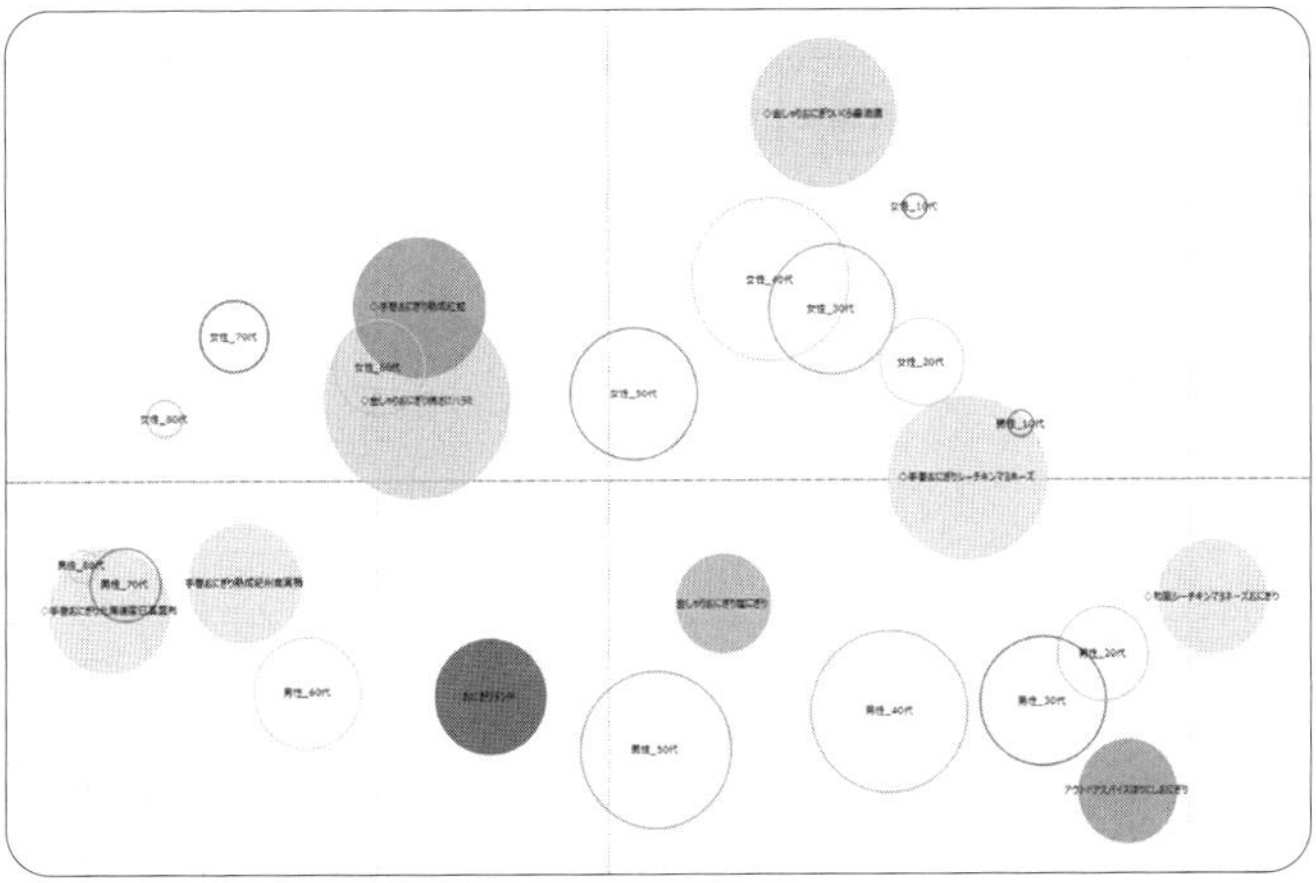

小林さんが提案したデータ分析の手法　　取材先提供

理）をコンピュータプログラムに落とし込《こ》み、自動で計算させるシステムも開発。今ではそのデータ分析《ぶんせき》ツールを、商品開発や販売《はんばい》にかかわる社内の仲間が、一年間に2万回も使っているという。

「みんなの課題を解決するためや、知りたいことに答えるために、データを分析《ぶんせき》して『価値あるもの』に変換《へんかん》し、グラフでわかりやすく伝える。そのデータをたくさんの人が参考にしてくれて、結果、よりよい商品や品ぞろえができると、すごくうれしいですね。今後はデータ分析《ぶんせき》にAI（人工知能）を組み合わせ、さらに発展させていきたいと思っています」

小林さんの昔と今の学び

Q どんな子どもだった?

中学生のころからコンピュータでプログラミングをするようになり、ゲームを自作したりしていました。

Q 数学をどのように勉強していた?

教科書や参考書の問題を解いていました。いろいろなアプローチがありますが、「どの解き方が一番かっこよくて、美しくて、スマートか」を考えるのが好きでした。プログラミングにも通じることですが、目的にできるだけシンプルにたどりつける道筋をさがすのです。

Q 好きだった教科や活動は?

理科です。図鑑《ずかん》にある植物や昆虫《こんちゅう》を実際に採集し、説明やイラストと合っているか調べたりしていました。「わかるまでやる」感じで、つまずくと考え込《こ》む時間も長かったです。

Q 今は何をどう学んでいる?

人間とコンピュータで力を合わせてより詳細《しょうさい》なデータ分析《ぶんせき》をしたいので、「そのための手段としてできること」について自分なりに仮説を立て、そのアイデア実現のために必要なことを調べて学んでいます。たとえば機械学習やＡＩのことです。

マーケティングアナリストの専門性

Q どうすればなれる?

マーケティングとは、お客さまの心をつかむための作戦を考えることで、売れそうな商品を企画《きかく》したり、売り方や宣伝《せんでん》を工夫したりすることだ。一方、アナリストとは、データを分析《ぶんせき》する専門家のことをいう。この「マーケティング」と「データ分《ぶん》析《せき》」の二つの面を、学校で学ぶか、社会人になってから働きながら学び、その道のプロをめざすのが一般的《いっぱんてき》だ。

Q 何を勉強しておくとよい?

人びとがモノを生み出し、お金も使ってやり取りする「経済」の活動について、社会科で勉強していこう。データ分析《ぶんせき》では数学、なかでも統計学が重要になる（71ページ参照）。

Q ほかに大切なことは?

小林さんがあげるのは「自分で考える」こと。言われたことをやるだけでなく、自分は何をやりたくて、そこに向かうにはどんな方法がありそうか、日々考えるクセをつけよう。

めざせ、自分のレベルアップ!

経済	統計学	思考力

PICK UP

チームの戦略づくりのための数学

計算済みのデータを活用する

自分たちの成績やお客さまのデータを集計し、チームの戦略に活かすことは、ビジネスからスポーツまで幅広《はばひろ》く行われている。社長や監督《かんとく》といったリーダーも、現場のプレーヤーや裏方のスタッフも、データを参考にして作戦を立てていく。

そうしたデータ活用で重要になるのが、**結果が出るまでのプロセスをふり返る**という視点だ。数学の問題でいえば「円周率がなぜ３・１４になるのか説明せよ」などと、答えが出ていることについてそこまでの道筋をたどるイメージ。リピート率で考えてみよう。リピート率とは「ある商品をくり返し買ったお客さまの割合」で、基本は数字が大きいほどいい。けれども、71ページの図のように計算のプロセスからふり返ると、リピート率が下がっても評価できるケースがあることに気づく。結果のデータだ

■リピート率の計算とそのデータの見方

$$\text{商品Ⓐのリピート率} = \frac{\text{商品Ⓐを2回以上買ったお客さまの人数}}{\text{商品Ⓐを買ったお客さまの人数}} \times 100$$

【以前】1週間で商品Ⓐを買った人は10万人、うち2回以上買った人は3万人

$$\text{このときのリピート率は} \blacktriangleright \frac{\text{3万人}}{\text{10万人}} \times 100 = \mathbf{30\%}$$

【現在】商品Ⓐがテレビ番組で紹介されて話題になり、新規に買う人が増えて
1週間で商品Ⓐを買った人は100万人、うち2回以上買った人は10万人に

$$\text{するとリピート率は} \blacktriangleright \frac{\text{10万人}}{\text{100万人}} \times 100 = \mathbf{10\%} \text{ となり、低下した……}$$

➡でも分母（買った人）の大幅増を踏まえれば、プラスに考えていい！

けで判断すると、見誤ることがあるのだ。**百分率（%）の計算の分母と分子**にはなんの数字を入れたのか。それらの数字が変わることにはどんな意味があるのか。プロセスまで踏《ふ》まえてこそ、データを有効活用できるようになる。

データのばらつきをとらえる

統計学の考え方も重要になる。私たちは自分の実力を推しはかるとき、テストの点数でも大会の記録でも「平均より上か下か」をよく考える。しかし、73ページの図のように、世の中には平均の値と比べるだけでは判断できないことが山ほ

どある。そこで生きてくるのが、**表やグラフにすることでデータの傾向《けいこう》やばらつきをつかむ**という考え方だ。そしてその分析《ぶんせき》を深めるうえで大いに役立つのが、中学校や高校の数学で習う**中央値、最頻値《さいひんち》、外れ値、分散、標準偏差《へんさ》**などの知識だ。

仮説を立ててデータを集めて分析《ぶんせき》する

マーケティングアナリストのような鋭い分析《ぶんせき》までめざすなら、**自分で仮説を立てて検証する**ことにも挑戦《ちょうせん》していこう。数学の問題では、「$y=x^2$で、xの値が-5から3の場合の最大値はいくつか」「△ABCと△DEFが相似の関係ならば何がわかるか」などと、**自分で条件や仮定を置いて考える**ことがある。いわばその発展版だ。商品の売上を最大化したいが、そこに深く関係していることはなんだろう？　お客さまの性別か、年齢《ねんれい》か、天気や気温か。チームの不調の原因はなんだろう？　戦略のまずさか、コミュニケーション不足か、健康管理か。解決したい課題について、何がどう関係していそうか仮説を立て、データを取って検証し、戦略に活かすのだ。

その取り組みでは、中学校や高校で学ぶ数学の知識をたくさん使う。**ベン図などの**

■平均の値だけで判断することの落とし穴

全国のコンビニエンスストアの店舗を「売上高別」に分類したら、下のグラフのようになったとする。グラフの左側、平均売上高を下回っている店舗には「もっとがんばるべき」と言い切っていい？

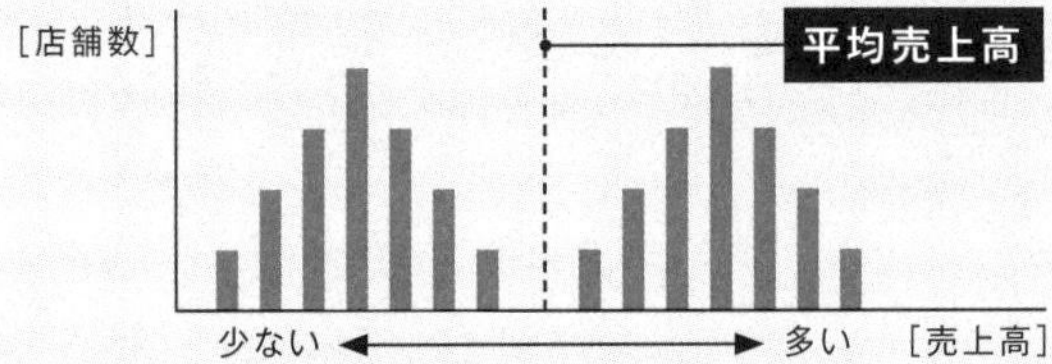

➡そうとは言い切れない。「2つの山」ができたことからして周辺人口の違いなど「異なるタイプのお店」がいっしょくたに比べられている可能性がある。よりていねいな分析が必要。

集合の考え方でデータを整理し、**連立方程式や関数のグラフ**でデータの傾向《けいこう》や関係性をつかみ、**数列や行列、ベクトル**で大量のデータをすっきりまとめて分析《ぶんせき》し、**微分《びぶん》・積分**の計算で関連し合うデータの理想の状態——たとえば少なめの宣伝費で商品の売上は大幅《おおはば》増になる状態——の分岐点《ぶんきてん》や割合を求める、というように。

もうひとつ忘れてはならないのが、**グラフや表や図を使って表現する力**だ。データから読み取ったことをみんなにもわかりやすく伝えて共有する。そこまでがんばってこそ、分析《ぶんせき》したデータはチームにとって価値あるものになる。

戦略立案編

スポーツアナリスト

選手やチームのためにデータを分析《ぶんせき》する。試合や練習を撮影《さつえい》・記録して（または過去映像を見て）自チームや相手チームの選手の動作、位置、スコアなどを分析《ぶんせき》したり、選手申告《しんこく》の体調面のデータや、機械で測ったデータを分析《ぶんせき》したりして監督《かんとく》や選手と共有。チームの課題発見や戦略立案をサポートする。

Web アナリスト

Web サイトのアクセス状《じょう》況《きょう》を分析《ぶんせき》し、よりよいサイトにする改善案を出す。

企業《きぎょう》の財務・会計担当

企業《きぎょう》のお金の出入りを記録・集計・分析《ぶんせき》して、経営戦略をサポートする。

クオンツ

銀行や証券会社で、投資の戦略を練るための分析《ぶんせき》や、金融《きんゆう》商品の開発をする。

アクチュアリー

生命保険や損害保険の保険料などの計算モデルを、データを分析《ぶんせき》して立案。

こんな仕事もある!

データサイエンティスト

チームのさまざまな戦略を練るために、統計学やコンピュータを使って膨大《ぼうだい》なデータ（ビッグデータ）を分析《ぶんせき》。その分析《ぶんせき》を仲間も手軽にできるようにするために、計算モデルや分析《ぶんせき》ツールも構築する。紙面に登場した小林さんは「マーケティング分野のデータサイエンティスト」でもある。

データエンジニア

安全にデータを蓄積《ちくせき》し、分《ぶん》析《せき》にも活用していける「情報システム」を構築する。

コンサルタント

多様な専門知識と分析力《ぶんせきりょく》を武器に、企業《きぎょう》や官公庁の戦略立案の相談にのる。

統計部門の公務員

国や地方自治体の統計部門で、統計調査の計画や実施《じっし》、審査《しんさ》や分析《ぶんせき》を行う。

シンクタンク職員

官公庁や企業《きぎょう》が知りたいようなテーマを調査・分析《ぶんせき》し、レポートにまとめる。

10代の挑戦！ 戦略立案編

❶ 自分やチームの記録を分析《ぶんせき》する

「こうすれば効果があるのでは？」という仮説を立てて、やってみたうえで記録を取り、分析《ぶんせき》してみよう。たとえば勉強面で「ここに力を入れよう」と計画して取り組み、テストや自習の正答率を毎回記録。データがたまったら効果があったか分析《ぶんせき》するのだ。スポーツやゲームで「プレースタイルをこうしよう」と決めてから、試合の記録やスコアを分析《ぶんせき》するのもいい。

❷ 記録・分析《ぶんせき》ができるアプリを使う

勉強やスポーツから趣味《しゅみ》や睡眠《すいみん》まで、自分たちの行動の記録・分析《ぶんせき》に使えるアプリが今ではいろいろある。テクノロジーも活用して、データ分析《ぶんせき》をしていこう。

❸ 企業《きぎょう》の「統合報告書」を読む

知っている企業《きぎょう》について、インターネットで統合報告書というものを探して読んでみよう。業績データのほか、その企業《きぎょう》が注視するデータ（たとえば CO_2 排出《はいしゅつ》量）も載《の》っていて、今の時代の経営戦略にふれることができる。

5章

困りごとと向き合う

INTERVIEW

社会学者

社会のあり方を多角的に分析する

東洋英和女学院大学《とうようえいわじょがくいんだいがく》
国際社会学部　講師
山《やま》本《もと》直《なお》子《こ》さん

大学の外国語学部を卒業し、地方公務員として働いたあとで、大学院で「移民」や「外国につながる人」を研究。その後、大学の非常勤講師や、子《こ》ども・若者貧困研究《わかものひんこんけんきゅう》センターの特任研究員を経て、現職。

理《り》不《ふ》尽《じん》な社会を変えていきたい

学生時代にスペイン留学をするなど、もともとは海外に目が向いていた山本さん。でもその留学先で「異国の地ではアジア人って結構差別されているんだ」と肌《はだ》で感じ、そこから「日本はどうだろう?」と国内にも目が向いた。

日本にも、外国籍《せき》の人や、本人は日本育ちでも親が外国籍《せき》など、異なるルーツをもつ人がいる。アジア系、中南米系、アフリカ系、北米系、欧州《おうしゅう》系など。一般《いっぱん》に「外国につながる」と言われる人たちだ。興味をもった山本さんは、外国につながる子どもたちに日本語を教えるボランティアに参加した。そして甘《あま》くはない現実を思い知った。

「かかわった南米系の子どものなかには、『食べるものがなくて草を食べた』と話すような子や、高校にも中学校にも行っていない子がいたのです」

だから社会人になると、公務員として外国につながる人の力になろうとした。市役所の保育課で、外国につながる親子の困りごとをサポートする毎日。

ところが、懸命《けんめい》にやっていたその仕事を、結婚《けっこん》した夫の仕事の都合で辞めざるを得なくなる。二人で話し合って決めたことだが、世間的にも「女性が退くのが当然」とされる社会の現状には、怒《いか》りを覚えるほどの理不尽《りふじん》さを感じたという。

と同時に、「もっと理不尽《りふじん》な目にあっている人もいる」と思った。保育課で支《し》援《えん》した外国籍《せき》の女性のなかには、文化の違《ちが》う日本社会の中で、夫の暴力や経済的な困窮《こんきゅう》を周囲にうまく相談できず、苦しんでいた人たちもいたからだ。

こうした社会の理不尽《りふじん》さにみんなが関心をもち、状況《じょうきょう》を変えていくにはどうすればいいのだろう。そこを模索《もさく》したことが、社会のことを研究する社会学者になる一歩目となった。

研究を通しての課題解決を

仕事を辞めて引っ越《こ》した山本さんは、大学院に入り、日本で暮《く》らす外国につながる人たちのことを、腰《こし》を据《す》えて研究することにした。

大学院生にとっては「論文を書き上げ、学術雑誌に掲載《けいさい》される」ことが、専門分野を学び終えた証となる。過去の研究論文を読み込《こ》み、自分のテーマを決め、調査や考察をして、文章にまとめて。山本さんは修士論文を3年かけて仕上げ、さらに博士論文を6年かけて完成させた。この間に3人の子どもが生まれ、子育て

フィールドワーク時代のひとコマ　取材先提供

をしながらの研究だった。

当時のおもな研究手法はフィールドワーク。外国につながる人たちが多く集まる団地に子どもを連れて住み込《こ》み、当事者からその支援《しえん》者まで、150人近くにインタビューした。これまでにどんな壁《かべ》にぶつかってきたのか。その壁《かべ》をどう乗り越《こ》えてきたのか。困りごとを明らかにするだけでなく、打開策まで見いだすことをめざした。

研究に力を注げるよう、数百万円の国からの研究費も、審査《しんさ》をパスして獲得《かくとく》。山本さんの研究は、お金をもらって進める仕事にもなった。

研究内容に説得力をもたせるには

だが研究をする中で山本さんの葛藤《かっとう》は深まった。最終的に論文にして提言するとはいえ、日本で暮《く》らす外国につながる人たちの状況《じょうきょう》は変わるだろうか。結局、自分は「この人たちの苦しみを糧《かて》にして、仕事を得ているだけじゃないか」と。

だからこそ、論文を書くだけで満足せず、その研究成果によって少しでも社会を変えられるようにしたい、と、より強く思うようになった。

「悩《なや》む中で思ったのです。インタビューで具体的な事例に迫《せま》る『質的調査』はすごく大事。ですが、その中で見えてきた社会の課題やその打開策に説得力をもたせ、より多くの人にも届くように訴《うった》えるには、大量のデータを集めて分析《ぶんせき》し、全体的な傾向《けいこう》を示す『量的調査』も欠かせない、と」

大学院修了《しゅうりょう》後、非常勤講師を経て、山本さんは「子ども・若者貧困研究センター」の任期つき研究員になった。そして2年間、データ分析《ぶんせき》に明け暮《く》れた。国や地方自治体は、住民の国籍《こくせき》や生活環境《かんきょう》などを調査した多様なデータをもっている。そのデータを分析《ぶんせき》し、外国につながる人たちの課題や打開策について、全体的な

大学のゼミで学生たちと社会問題について話し合う

傾向《けいこう》をつかみ、報告書にまとめ、政策に活かしてもらう、という仕事だった。

意義のある研究にするために

現在、山本さんは大学講師として学生に社会学を教えながら、引き続き自身の研究にも打ち込《こ》んでいる。

「質的調査と量的調査の両面を通して、外国につながる人たちの不利な面、それから可能性までを明らかにし、現状を変える糸口も見つけて、政策に結びつける。そこまでいってはじめて取り組んだことの意義が出てくると思うので、私の研究はまだまだこれからです」

山本さんの昔と今の学び

Q どんな子どもだった?

わりと優等生だったと思います。海外に行ってみたくて、外交官や国連職員にあこがれていました。

Q 数学をどのように勉強していた?

数学は苦手でほとんど勉強せず、高校ではテストも散々。「私に数学は必要ない」と思っていました。それが大学院生になり、研究に統計学が必要だとわかってからは、数学の勉強が苦ではなくなったんです（笑）。今では学生のみなさんにもしっかり学んでほしいと思っています。

Q 好きだった教科や活動は?

英語や外国語です。読んで覚えるのが好きでした。高校で留学し、海外にやり取りできる相手ができてからは、英語でコミュニケーションを取ることも楽しむようになりました。

Q 今は何をどう学んでいる?

ひとつは、自分の研究テーマについて、国内外の本や論文を読むこと。もうひとつは、統計の分析《ぶんせき》方法やデータや地図による表現を、こちらも本や資料から学ぶことです。研究者にとっては「読むことが仕事のひとつ」だと思っています。

社会学者の専門性

Q どうすればなれる?

学生のときに、もしくは社会人になってから、「世の中のことで研究したい分野」を見つける、というのが社会学者になる一歩目。そのうえで、大学院のマスターコース（修士課程）やドクターコース（博士課程）で研究に打ち込《こ》み、論文をまとめる。そしてその実績をもとに、大学の講師や、研究所の研究員として活躍《かつやく》していく、というのが一般的《いっぱんてき》だ。

Q 何を勉強しておくとよい?

社会学者は、日本語や英語の論文をたくさん読み、自分でも論文を書き、人前で発表もする。国語や英語、さらに数学も含《ふく》めて（86ページ参照）、読解力と表現力を高めよう。

Q ほかに大切なことは?

山本さんがあげるのは「思い込《こ》みではなく根拠《こんきょ》をもって話す」こと。ニュースや噂話《うわさばなし》を鵜《う》呑《の》みにせず、よい意味で批判精神をもち、正しいといえる根拠《こんきょ》があるかに目を向けよう。

めざせ、自分のレベルアップ!

読解力	表現力	批判精神

PICK UP

社会課題の発見・解決をめざす数学

社会課題の解決策を、根拠《こんきょ》をもって論じる

人びとが困っていることを明らかにし、解決をめざす人は、社会のことや自然のことを研究する学者から、弁護士やソーシャルワーカーのような困ったことの相談にのる専門家、お客さまの課題解決をめざすビジネスパーソンまで、たくさんいる。

こうした仕事で求められるのが**論理的に考え**、**論理的に説明する**ことだ。それは数学の**証明**や**論証**にとても近い。中学校の数学の「証明」では、あることがらが成り立つ理由——たとえば「二つの三角形は形も大きさも同じ」といえる理由を、すでに正しいとわかっていることを根拠《こんきょ》に「だからこういえる」「だからこういえる」「したがってこうだ」と積み上げる。その際は「二つの直線が平行ならば」などと**仮定**を踏《ふ》まえて考えることもする。さらに高校の数学の「論証」では、「Aならば（仮定）Bで

■山本さんの博士論文の論理展開

【題名】
「多文化共生」言説の批判的再検討
在日日系ブラジル人第二世代のハイブリディティに着目して

【問い】
①「日本人」と「外国人」の二項対立の多文化共生のままならば、親は外国籍だが本人は日本で生まれ育つなど、多様な背景をもつ第二世代を不可視化し、同化の強制や排除をもたらすのではないか。

②第二世代がどう壁を乗り越えているかを明らかにすればよりよい多文化共生のあり方を見いだせるのではないか。

【上のことを考察して主張するために集めた根拠】
①多文化共生について、これまでの先行研究で示された理論
②外国につながる人やその関係者150人近くへのインタビュー

ある（結論）」という命題について真か偽《き》かを考え、真であることを証明するための論法も学ぶ。

社会の困りごとを考えるときも、数学ほど厳密ではないけれど、こうした論法をよく使う。「今のままならば、こんな問題があるのではないか」「こうすれば、こんな解決につながるのではないか」といった問いを立て、その考えを証明するための根拠《こんきょ》を集め、「だからこういえる」と論じていく。それを学者は論文にして発表し、弁護士は法律文書にまとめ、ビジネスパーソンはプレゼンテーション資料にしてお客さまに提案するのだ。

リアルな情報とデータのかけ合わせで説得力を

では何を根拠《こんきょ》に論理を展開しよう。たとえば「自分の目と耳で集めた情報」を根拠《こんきょ》に、社会の困りごとを論じるのも手だ。リアリティーがあって説得力が増す。ただし、「話を聞いた人以外も同じかどうかはわからない」という見方もされやすい。

それだけに、大勢の人のアンケート調査から見えてきた傾向《けいこう》など、「量的調査による数値データ」も根拠《こんきょ》にできればより説得力が出る。そしてそうしたデータ分析《ぶんせき》までしたいなら、必要になるのが4章でふれた統計学の考え方だ（71ページ参照）。

情報を分析《ぶんせき》し、グラフや表や図で伝える

社会課題の分析《ぶんせき》では、得られた結果から、ほかにわかることがないか考えて発展させるという、数学でよくやる考え方もぜひ発揮しよう。数学の勉強では、「三角形の内角の和は180度」ということがわかると、それを応用して五角形や八角形などさまざまな図形の性質も考えられる。同じようなことを課題分析《ぶんせき》でもやるのだ。

■外国ルーツの世帯の生活困難度

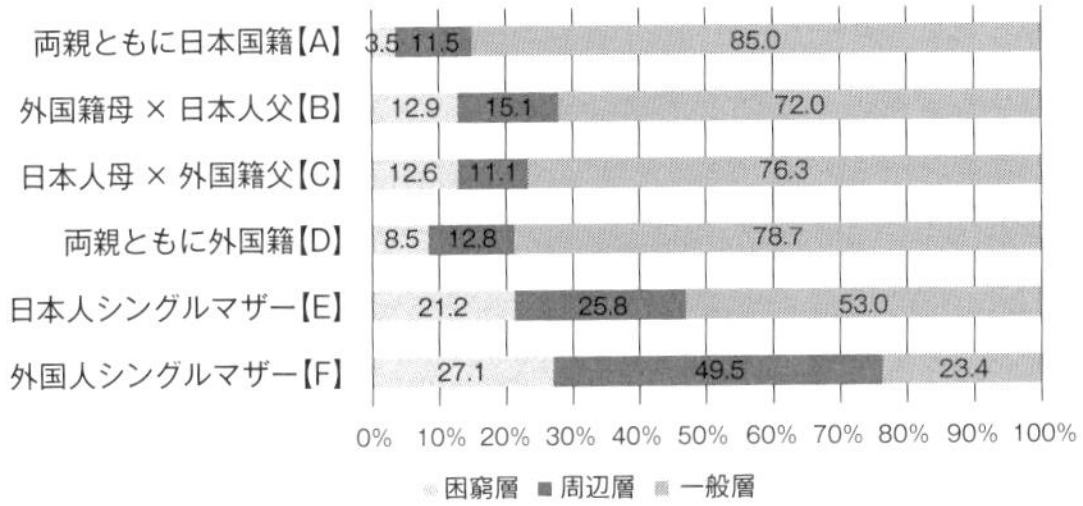

山本直子さんが作成したレポートに掲載したグラフ。本文ではこのデータ分析の結果から見えてきたことも説明されている。

出典：東京都立大学 子ども・若者貧困研究センター Working Paper Series Vol.17『外国につながる子供の貧困』

たとえば、日本で「食料や衣類を買えなかった生活困難の経験」を調査したところ、外国につながる人のほうが困難に直面する割合が多かったという。そのデータからさらに何かをつかめないか。「母が外国籍《せき》」「父が外国籍《せき》」「両親とも外国籍《せき》」「ひとり親で外国籍《せき》」に分類し、比べたらどうか。もし困難の割合が違《ちが》うなら、それはなんの影響《えいきょう》だろう。視点を変えたり分類したり、ほかとの共通点を探したりすると、新たな発見がある。

そうして深めた自分の考えを、グラフや表や図を使って表現することで、世間の人にも伝わるように発信していこう。

社会課題編

医療《いりょう》系研究者

大学や病院で、健康の困りごと（病気の原因や進行）や解決策（治療《ちりょう》やケア）を、統計学を用いたデータ分析《ぶんせき》もしながら研究する。最初から研究の道に進む人もいれば、医師や看護師など医療《いりょう》職の人が、患者《かんじゃ》と接する中で「社会的に解決したい医療《いりょう》課題」を見つけ、研究者に転身することもある。

保健師

役所や企業《きぎょう》で、住民や社員の健康課題を、データも取って分析《ぶんせき》、対策を練る。

ジャーナリスト

社会の現状や問題点を、取材やデータ分析《ぶんせき》でとらえ、話の筋道を考えて発信。

心理カウンセラー

依頼《いらい》者の悩《なや》みに対して、心理検査などのデータ分析《ぶんせき》もして、相談援《えんじょ》助する。

企業《きぎょう》の営業担当

お客さまの抱《かか》える課題と解決策を、論理的に考えて提案、契約獲得《けいやくかくとく》をめざす。

こんな仕事もある!

弁護士

トラブルや交渉《こうしょう》ごとのある人の相談にのり、裁判や商談などの話し合いの席で、本人に代わって事実と法的な根拠《こんきょ》をもとに意見を主張、課題解決をめざす。交通事故のトラブルなどでは「その事故がなければ、被害《ひがい》者が得られた将来の収入（逸失《いっしつ》利益)」を論理的に算出することもある。

検察官

犯罪の疑いのある容疑者を、法的根拠《こんきょ》をもって訴《うった》え、裁判で刑罰《けいばつ》を求める。

家庭裁判所調査官

少年事件や家庭内の紛争《ふんそう》を、面接や心理テストで調査し、報告書をまとめる。

労働基準監督《かんとく》官

企業《きぎょう》などの職場の働き方の課題を、法的根拠《こんきょ》をもとに指摘《してき》し、改善を促《うなが》す。

ソーシャルワーカー

役所や病院、学校などで、困りごとの相談にのり、法的根拠《こんきょ》をもとに支援《しえん》。

10代の挑戦！ 社会課題編

❶ 自分の困りごととその解決策を論じる

自分の困りごとを思い浮《う》かべよう。「朝起きるのがつらい」でもいい。つぎに、その困りごとの原因は何か、どうすれば改善できるかを、「根拠《こんきょ》」も含《ふく》めて考えよう。そのうえで、考えたことを友人や先生にプレゼンしてみよう。

❷ 困りごとにかかわるデータを探す

自分の困りごとをひと言で表した単語と、「統計」という単語をキーワードにインターネットで検索《けんさく》してみよう。検索《けんさく》結果から関連する統計データを見つけることができれば、自分の困りごとは「ほかの人の悩《なや》みともつながっている」と言え、本気で改善をめざせば社会課題の解決につながるかもしれない。

❸ 困りごとのデータを分析《ぶんせき》する

困りごとのデータを世代別や性別で比べてみたり、5年間や10年間の変化を調べてみたりしよう。そうした分析《ぶんせき》で、新たな課題や解決の糸口を発見することも大事。高校生や大学生が「統計データ分析《ぶんせき》」のアイデアや分析《ぶんせき》力を競う大会もある。

6章

地球環境と向き合う

INTERVIEW

南極地域観測隊員

南極大陸で
自然と向き合う

気象庁《きしょうちょう》
大気海洋部　気象リスク対策課
芦《あし》田《だ》裕《ゆう》子《こ》さん

高校を卒業後、気象大学校《きしょうだいがっこう》で学び、気象庁に就職。網走《あばしり》地方気象台、稚内《わっかない》地方気象台の勤務を経て、第62次南極地域観測隊の一員に。現在は気象庁の気象リスク対策課で、防災気象情報の高度化に取り組む。

あこがれの南極に降り立って

氷で覆《おお》われた南極大陸。芦田さんはその雄大《ゆうだい》な景色に目を奪《うば》われた。

「大きい氷山があって、まっしろな世界がすごく印象的でした。大気がきれいで、夜はひときわ星が明るく見えるんです。オーロラや、太陽が二つあるかのような幻日《げんじつ》も目にすることができました」

子どものころから自然が好きだった芦田さんは、高校を卒業すると気象大学校に入学。その学校の指導教官に元南極地域観測隊員がいて、話を聞くうちに「私も南極に行きたい！」と本気で思うようになったという。

気象庁に就職し、地方気象台で観測や予報の仕事をしてから、第62次南極地域観測隊に応募《おうぼ》。選考を突破《とっぱ》し、2020年12月から約1年にわたり、南極にある昭和基地《しょうわきち》で仲間と過ごした。隊員たちの使命は、南極の大気・海洋・地質・生態系などを観測し、データを集めたうえで地球の未来を考えることだ。

24時間体制で大気を観測

第62次越冬《えっとう》隊は総計31名。このうち芦田さんを含《ふく》む5人の隊員は、おもに南極の大気の観測を担当した。

たとえば「地上気象観測」。建物の外に出て、そのときの天気や、雲の形や量、雪や霧《きり》などの大気現象を自分の目で確認し、記録する。

「目で確認したデータと、基地の観測装《そう》置《ち》が測定した気温や湿度《しつど》、風速などのデータを合わせて、3時間に1回、世界中の気象機関に通報することもします」

「高層気象観測」。一日に2回、上空の気象観測のために、測定器をつけた大きなゴム風船を、隊員の手で空に放つ。さらに月に数回は、上空のオゾンを調べるためのゴム風船も飛ばす。

「ゴム風船は、風に流されながら飛んで、上空の気温や湿度《しつど》、風速や風向き、空気中に含《ふく》まれるオゾン量などを測定します。そのデータが無線送信で基地に送られるのです。上昇《じょうしょう》した風船はどんどんふくらみ、最後に割れて落下します」

「日射・放射量観測」。毎秒ごとに、屋上に設置した装置《そうち》で、太陽からのエネルギーと、暖められた地表および大気から放出されたエネルギーを自動観測する。

「一秒に1データ入ってくる日射・放射量観測では、隊員が手作業で一個一個データの確認もします。太陽の角度や雪の影響《えいきょう》で異常値が出ることがあり、おかしいと思われるデータを削《けず》るためです」

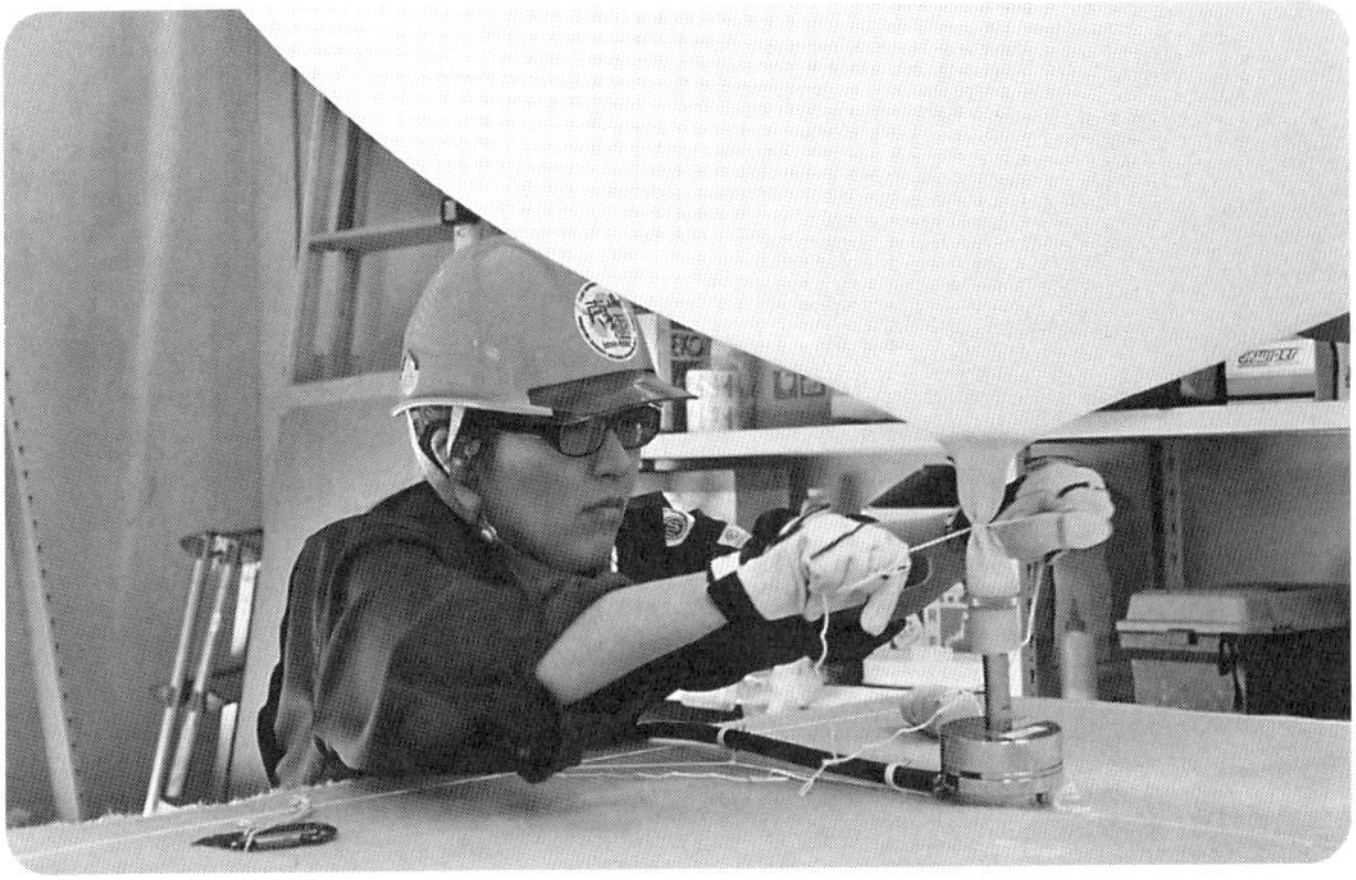

ゴム風船で高層の気象観測を行う　取材先提供

こうした観測やデータ確認を、芦田さんたちは日勤や夜勤のシフトを5人で回し、24時間体制で毎日行ったのだ。

吹雪《ふぶき》でも観測を続けて

観測したデータは、長期的な気候変動の研究に使われる。データをもとに温暖化やオゾン層破壊《はかい》の原因究明を進めたり、現状把握《はあく》や未来予測をしたりするのだ。また、ほかの観測地点のデータとあわせて日々の気象予報にも活用される。

そうした大切なデータだからこそ、毎日しっかりと観測する必要があった。だが現地ではいろいろな問題が発生し、継《けい》続《ぞく》するのは簡単ではなかった。芦田さんが南極にいた期間には、猛烈《もうれつ》に吹雪《ふぶ》くブリザードが30回以上発生。その悪天候にもめげずに観測を続けた。屋外の観測装《そう》置《ち》が壊《こわ》れるアクシデントもあったが、装《そう》置《ち》を分解し、修理して乗り越《こ》えた。

「装置《そうち》の修理までするとは思ってもいませんでした。でも、自分たちでどうにかしないと観測を続けられませんから」

なんでもやる!?

隊員のやるべきことは、観測だけではない。重機やスコップを使って、みんなで基地周辺の除雪も定期的に行う。

「小型重機の免許《めんきょ》は、南極に行く前の訓練で、全員が取ったんですよ」

昭和基地より内陸にある拠点《きょてん》に、10名近くの隊員で数日かけて旅行することもあった。拠点《きょてん》に燃料を運んだり、拠点《きょてん》にある装置《そうち》をメンテナンスしたりするためだ。また、南極生活を豊かにするための「生活係」も隊員たちは手分けして担当していて、芦田さんはシアター係、工房《こうぼう》ミシン係、図書係を務めたという。

「各隊員はそれぞれが専門分野をもっていますが、限られた人数しかいない環境《かんきょう》の中で任務にあたるので、専門以外でもつねに協力し合うことが必要でした。現

いつ何時でも南極の大気を観測し続けることが仕事だ　　取材先提供

地に行かないと味わえなかったことばかりで、忘れられない体験です。仲間と協力して観測を無事に終えることができて、達成感もありました」

気象庁でのつぎの目標は

帰国して気象庁に戻《もど》った芦田さんは、現在、防災気象情報の高度化を進めている。気象データを分析《ぶんせき》し、土砂崩《くず》れや洪《こう》水《ずい》など自然災害の危険性を、特別警報などでより正確に発信することをめざす。

「防災気象情報をもっとみんなに使ってもらえる情報にしていきたいな、と思っています。それが今の私の目標です」

芦田さんの昔と今の学び

Q どんな子どもだった?

近くに小さい山があり、川も流れていた土地で育ち、自然が好きでした。生き物にもすごく興味をもっていました。

Q 数学をどのように勉強していた?

授業で習う公式について、式ができるまでの過程を一度は自分で考えてみることをしていました。「なぜその公式になるのか」は教科書に解説が載《の》っていて、先生も教えてくれますが、ただ見て聞いて覚えるのではなく、手を動かして公式を自分で導き出してみるんです。

Q 好きだった教科や活動は?

理科です。高校では、自然現象に法則を見いだす物理に惹《ひ》かれました。物理でも数式にふれるうちに、自分が数学をどう使いたいか見えてきて、数学もおもしろくなってきました。

Q 今は何をどう学んでいる?

気象データの分析《ぶんせき》にコンピュータをより柔軟《じゅうなん》に活用したいので、プログラミングを学んでいます。本やインターネットで調べたことをもとに、実際にデータ分析《ぶんせき》のプログラムをつくってみて、ここでも手を動かして学んでいます。

南極地域観測隊員の専門性

Q どうすればなれる?

南極地域観測隊は、気象庁・海上保安《かいじょうほあん》庁・国土地理院《こくどちりいん》といった国の機関の職員から、大学や企業《きぎょう》の研究者や技術者まで、自然の観測に長《た》けた幅広《はばひろ》い専門家が集うチームだ。また、活動を支えたり広めたりするための隊員として、調理や医療《いりょう》、建築・土木の専門家や、記者や学校の先生も参加している。だからなり方はひとつではなく、いろいろな道からめざせる。

Q 何を勉強しておくとよい?

理科の学習や実験・観察を通して、地球を理解するのに役立つ「知識」や「科学的な態度」を身につけよう。観測データの確認や分析《ぶんせき》では数学の力も必要になる（102ページ参照）。

Q ほかに大切なことは?

「観測隊員に求められる資質」としてあげられているのが、自覚と責任、健康、規則の順守、協調性、柔軟《じゅうなん》な対処能力だ。隊員選考では専門性に加えて、これらの面も問われていく。

めざせ、自分のレベルアップ!

理科　**責任感**　**協調性**

PICK UP

地球の観測・分析のための数学

装置《そうち》を使いこなして観測する

地球環境《かんきょう》の観測や分析《ぶんせき》はいろいろな目的で行われている。南極地域観測隊のように地球の未来を考えるため、気象庁のように陸・海・空を行き来する人の安全を守るため、あるいは宇宙開発や、自然の影響《えいきょう》を受けるビジネスをうまく進めるためなどだ。

これらの活動のおおもとになる観測データの多くは、観測装置《そうち》が自動で測り、計算もしてくれる。ただし観測装置《そうち》はトラブルで変な数値を出すことがある。その際に、装置《そうち》がどう計算したか知っていないと「異常」に気づかない。だから観測にたずさわるなら、**結果が出るまでのプロセスをふり返る**という考え方を大事にしよう。数学の勉強でいえば教科書の公式を暗記するのではなく、その公式がなんのためにどんな計算をしているのか、わかるまで考えてみるのだ。装置《そうち》による計算の一例をあげれば1

■ 地球観測のなかで装置が計算すること

高層気象観測…ゴム気球に測定器と無線送信機をつけて空に放ち、上空の気温や湿度、風向きや風速などを調べる。

・「気球の位置（観測点）」を、気球の電波を受けたGPS衛星との距離から割り出すために、空間座標（X・Y・Z）や三次方程式を使って計算

・「風向き」や「風速」を、GPS衛星に近づく気球と、遠ざかる気球の電波の違い（ドップラー効果）をもとにベクトルや微分・積分で計算

日射観測…屋外の観測装置で太陽から受け取るエネルギーを調べる。

・太陽のエネルギーが、大気の吸収や散乱で「どんどん減衰する」量を求めるために、指数関数を使って計算

・「太陽の角度」によって生じた観測の誤差を求めて修正するために、三角関数を使って計算

０３ページのとおりで、中学・高校で習う数学の知識がたくさん使われている。

観測データから地球の変化をつかむ

データをもとに地球環境《かんきょう》を分析《ぶんせき》をするときは、１０５ページの図のようにグラフや表にして変化や関係性をとらえることをよく行う。南極の気温や風速はどう変化したか。世界の平均気温はどう変動したか。気温上昇《じょうしょう》と、大雨の増加に関係はありそうか。グラフや表にして見比べると、起きている変化や、さまざまな現象のつながりを発見しやすくなるからだ。

さらに観測データは「人の安全」や

「豊かな自然」を守るための未来予想にも使われる。そこで役立つのが、**わかっていることを組み合わせて問題解決をめざす**という考え方だ。数学では「(a＋b)(a−b)＝a^2-b^2」という公式を理解すると、より複雑な問題に挑《いど》むときも、この知識を「解くための道具」として使える。地球の未来予想も同じだ。高校の理科で学ぶ**物体の動く速さ・力・重さの関係を表した式や、熱・気体の体積・圧力の関係を表した式**などを道具のように組み合わせ、大気や海や地形の変動、地球温暖化の進展などを予測する計算モデルを作成。そこに観測データをあてはめて、未来を予想する。

仮定や条件を考えながら、未来を予想する

コンピュータに計算させる**数学的な論理を一つひとつ積み上げる**ことも大切だ。たとえば天気予報では、格子状に分けた空間ごとに、気温・風・湿度《しつど》などの変化を観測データから予測。その際は**向きや大きさをとらえるベクトル**、**まとめて計算するための行列**、**時間による変化をつかむ微分《びぶん》・積分**などを使う。つぎに予測した気温や湿度《しつど》から「その条件のときは晴れか曇《くも》りか雨か」も予測。その際は過去の天気のデー

■観測データのグラフ化

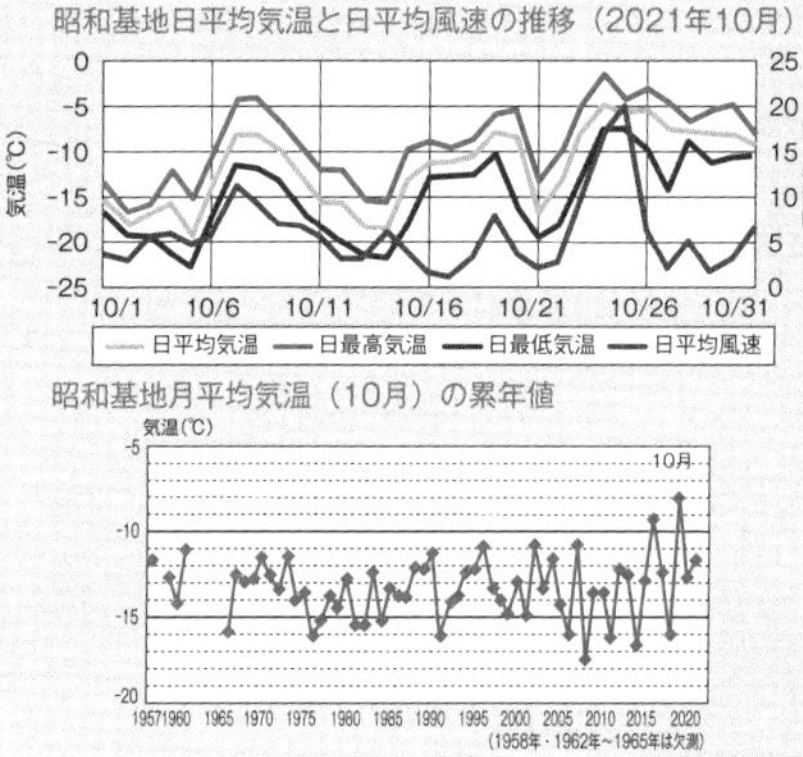

出典：気象庁ホームページ「南極昭和基地のデータ」より抜粋

タと**統計学**や**確率**を用いて**計算**する。

また、防災気象情報では、局地的に短時間にドッと降る雨（俗《ぞく》にいうゲリラ豪《ごう》雨《う》）も統計学で予測しようとし、「予測降水量に応じて、誰《だれ》に避難《ひなん》を呼びかけるか」という安全基準の高度化までめざしている。豪《ごう》雨《う》になるのは都市部か山間部か、避《ひ》難《なん》するのはお年寄りか若者か。いろいろな条件ごとに**場合分け**して**計算**しているのだ。テストでは文章問題を読んだうえで数式を考えるが、未来予想にはあらかじめ用意された問題文など存在しない。**自分で条件や仮定を置いて考える**ところから挑《いど》むことになる。

地球環境編

測量士

さまざまな地点の座標（X・Y・Z）、面積や体積を、測量器械を使って求める。その目的で一番多いのは、建物や道路などの建設・土木工事に欠かせない平面図や断面図をつくるため。ほかに、地図作成や地殻《ちかく》変動の調査のための測量もある。測量会社や建設会社、役所の土木課などで活躍《かつやく》。

環境《かんきょう》省や気象庁の職員

地方環境《かんきょう》事務所や地方気象台の職員として、自然の観測・調査・分析《ぶんせき》をする。

森林官

国有林の木の直径・樹高の計測や、計画的な間伐《かんばつ》を行い、森林を守り育てる。

環境《かんきょう》分野の国際公務員

国際《こくさい》自然《しぜん》保護《ほご》連合《れんごう》（IUCN）や国連《こくれん》環境《かんきょう》計画《けいかく》（UNEP）で調査や発信を行う。

環境《かんきょう》調査員

公共・民間事業の環境《かんきょう》への影響《えいきょう》を調査する。環境《かんきょう》計量士という資格もある。

こんな仕事もある!

地球惑星《わくせい》科学の研究者

地球惑星《わくせい》科学とは、宇宙や惑星《わくせい》、大気や海洋、地球の構造、地球と生命の関係など、地球にかかわる科学の総称《そうしょう》だ。国立や民間の研究所や、大学などには、地球惑星《わくせい》科学のなんらかの分野の調査や観測、実験や分析《ぶんせき》をしている研究者がいる。関係者一同が集まった日本《にほん》地《ち》球《きゅう》惑星《わくせい》科《か》学《がく》連合《れんごう》という団体もある。

気象予報士

気象観測データをもとに独自に天気を予想する。気象会社や天気予報番組で活躍《かつやく》。

ディスパッチャー

気象や積載《せきさい》量の情報をもとに飛行計画を作成、パイロットへの説明も行う。

気象データアナリスト

天候に左右される事業（農業やお店経営や交通など）で気象データを分析《ぶんせき》・活用。

航海士

気象情報や船の計器のデータを活かして、航海計画や安全運航支援《しえん》を行う。

10代の挑戦！ 地球環境編

❶ GPSを理解する

GPS（全地球測位システム）は、複数の人工衛星の電波を利用して、今いるところの座標（X・Y・Z）や「動いている速度」を計算する技術。南極観測からスマホの位置情報まで幅《はば》広《ひろ》く利用されている。原理がわかるまで調べて考えてみよう。

❷ 気象庁や国土地理院のツールを使う

気象庁のホームページの「世界の天候データツール」は、世界各国の平均気温や降水量の変化を、期間を決めてグラフで表示できる。国土地理院ホームページの「地理院地図」は、地図の座標（X・Y）に合わせて「標高」「降雨量」「人口」などの情報を呼び出すことができ、地域の環境《かんきょう》や防災を考えるのに向いている。自分流にアレンジした地図をつくることも可能だ。

❸ 地球の未来や課題を考える

自由研究や探究活動で、気象情報や地図情報を使って地球の未来や課題について考えてみよう。その研究の成果をもって、官公庁や企業《きぎょう》のコンテストに挑《いど》むのもいい。

7章

この世界のなぞに迫る

INTERVIEW

数学者

数の世界を自在に行き来する

筑波大学《つくばだいがく》
数理物質系助教
金子《かね こ》 元《はじめ》さん

2歳《さい》のころから数に親しみ、数学の道へ。慶應義塾《けいおうぎじゅく》大学と京都《きょうと》大学大学院で、整数論という分野を研究する。大学研究員や教員を経て筑波大学へ。引き続き整数論の研究を深めるとともに、数学の教育も行っている。

使うものは紙と鉛筆《えんぴつ》、そして頭の中

使うのは紙と鉛筆《えんぴつ》。数学者の仕事を説明するとき、よくいわれることだ。

「私も基本的には紙と鉛筆《えんぴつ》で研究をしています。それと、頭の片隅《かたすみ》につねに取り組んでいる問題を入れておきます。数学は、どこにいてもすることができます」

筑波大学の数学者である金子さんは、日々の数学への向き合い方をこう話す。「数学はどこにいてもできる」というのは本当にそうで、散歩をしているとき、大切なアイデアを思いついたこともある。

無理数のeとπを足したら無理数？

金子さんは、もの心がついたときすでに「算数があった」と言う。研究で取り組んできたのは、整数論《せいすうろん》という分野の未解決の問題だ。整数論とは、整数つまり、…3、2、1、0、−1、−2、−3…といった数の性質を研究する学問分野のこと。

整数論で扱《あつか》う数には、$\sqrt{2}=1.4142\cdots$のように小数で表される数も含《ふく》まれるが、これらも定理によっては式を整理すれば整数で表すことができることがあるので、整数論の対象となりうる。

慶應義塾大学の大学生だったときは、

塩川宇賢《しおかわいえかた》先生という数学者のもと、「e＋πは無理数といえるか」という未解決の問題に取り組んだ。eは高校の数学Ⅲの微分《びぶん》に出てくる定数《ていすう》2.7182…のこと。πは中学校で習うおなじみ円周率の定数3.1415…のこと。どちらも分数の形で表せない無理数であることはわかっている。では、この二つを足し算すると無理数になるのだろうか。感覚的には無理数になりそうだが、実は証明されていない。

「大学時代、この未解決の問題に興味をもちました。誰《だれ》も解いていないので挑《いど》もうと思いまして」

とはいえ、この問題はそう簡単に解ける問題ではない。金子さんをはじめ多くの数学者が証明に挑《いど》んでいるが、「今も未解決のままです」。

その数の小数点以下はランダム？

塩川先生が定年を迎《むか》えたため卒業後は京都大学の大学院に移り、畑政義《はたまさよし》先生のもと同じく整数論の一様分布論《いちようぶんぷろん》とよばれるテーマを研究した。一様分布とは、サイコロの出る目の確率が1〜6すべて同じであるように、すべての事象の起こる確率がランダムに等しいことをいう。この一様分布論にも未解決の問題はある。

「たとえば、√2という数は、1.41421356

数学者の仕事では紙と鉛筆が必須だ

…と続いていきますが、どこまで数字がランダムかは未解決です。ずっとランダムだと思うかもしれませんが、小数点以下10兆ケタからは0と1しか出てこなくなるかもしれません。ランダムである保証は何もないので、数学者はこれを解こうとするわけです」

二つの世界を行き来する

金子さんは、一様分布論の研究を前進させるような「新しい道具」もつくった。高校の数学Ⅱに出てくる等比数列、つまり、となり合う2項《こう》の比がつねに一定となる数列をめぐって、そこから導かれる小数点以下の数の並《なら》びがランダムかという未解決の問題がある。この問題を解決するため、たとえば「10倍ずつ」増えていく数列を、「10進展開《じっしんてんかい》」という別の考えに置き換《か》えて、それがランダムかを探るという方法で考えようとした。さらに考えを進めて、「10」のところに「(1+$\sqrt{5}$)/2」という数を当てはめ、「(1+$\sqrt{5}$)/2進展開」で考えることを思いついたのだ。この数は、黄金比《おうごんひ》という特別な比率に出てくる数としても知られる。これらにより「ランダムかどうか」を考えるときの見方の幅《はば》が広がり、問題解決に向けての歩みが進んだ。

「このアイデアでは二度うれしいことがありました。自分でこれが道具になるとわかったときと、論文や学会で発表してほかの人にも認められたときです」

どうして、新たなこの道具を導きだせたのだろう。金子さんは、「数学に感じる魅力《みりょく》とも関係するのですが」と言って、こう話した。

「よく私は、数学で習ったことを、アナログかデジタルかで分けてきました。デジタルは3時のつぎは3時1分になるのに対し、アナログは刻々と時が変わるといったイメージです。アナログとデジタルは行き来できます。この問題について

研究室には膨大な研究書がそろっている

は、小数点以下の部分はアナログで、10進展開はデジタルだと感じました。アナログ世界とデジタル世界を行き来するという中高生のころから考えていたことが、研究につながった感じです」

　ゼミなどでの学生たちとの対話が、学生たちはもちろん、金子さんにとっても新たなテーマに挑《いど》むときの学びとなる。学びを重ね、アイデアをためていくうちに、それらが新たな理論になっていく。

「英語の学習では停滞《ていたい》したあと一気に伸《の》びる時期があると思います。数学も同じで一気に伸《の》びる時期があります。その時期がやはり楽しいですね」

金子さんの昔と今の学び

Q どんな子どもだった?

算数を始めたのは2歳《さい》で、もの心ついたときにはすでに算数がありました。小学6年のときまでずっと公文式《くもんしき》に通い、高校2年生のレベルまで進んでいました。

Q 数学をどのように勉強していた?

学習塾《じゅく》の先生に「先取り」で数学を教わっていました。先取りのよいところは、そのときわからなくても試験で点数が悪くなることがないことですね。あとは、数学関連の本を読んだりもしていました。

Q 好きだった教科や活動は?

やはり数学は好きでしたが、ほかには物理も好きでした。どちらも理論的に考えるという点で共通していますね。

Q 今は何をどう学んでいる?

研究をしているうちに、物理学的な発想が必要になってきました。「エルゴード仮説」という物理学と数学の両方にかかわる理論について、筑波大学の学生たちといっしょに教えたり学んだりしています。

数学者の専門性

Q どうすればなれる?

博士号を得て職業として数学者になるには、大学で理学部や理工学部、教育学部などの数学科に進むことが、たいていの道となる。学部卒業後の大学院生時代に、学会で優れた発表をしたり、多くの数学者に引用されるような博士論文を発表したりして研究者として認められることで、数学者としての地位が固まっていく。才能のピークは20～30歳《さい》代とされる。

Q 何を勉強しておくとよい?

やはり数学。好きと得意の両方の心もちになれるとよい。また、専攻《せんこう》のテーマとは関係ない数学も使うことがあるので、好きな分野に絞《しぼ》り込《こ》まず、幅広《はばひろ》く勉強しておくとよい。

Q ほかに大切なことは?

疑問に思うことがあったら放っておかず、本を読んだり先生に尋《たず》ねたりして解いていくことが、より大きな好奇心《こうきしん》につながっていく。

めざせ、自分のレベルアップ!

計算力　**想像力**　**好奇心**

PICK UP

永遠の真実を得るための数学

「まだ誰《だれ》も解いていない問題」を解くことをめざす

数学者は、「まだ誰《だれ》も解いていない問題」つまり「なぞ」を解くことに日々挑《いど》んでいる。そのなぞ解きに成功する人もいれば、解けずに一生を終える人もいる。ただし解けなかったとしても、**「このやり方ではだめでした」「これなら行けるかも」と世に伝えることに価値があるので、**数学者の努力はむだにはならない。

こうして数学者がなぞを解き、ほかの数学者たちから「これは正しい」と認められたことは、世界で、いや宇宙で、永遠に真実として認められることになる。ほかの多くの学問分野では、研究者が「なぞが解けた」と発表し、ほかの研究者たちに「解けたね」と認められても、その後また新たな考えが生じて「実は解けていなかった」と覆《くつがえ》されてしまうことがある。でも、数学はそうならない。いくつかの「**公理**」とよば

■数学は公理と定理の積み重ね

公理	定理
明らかな真理として認められる出発点としての命題（文）	公理に基づいて証明された命題（文）
例）a+b=cとなる整数cが存在する。	例）3以上の自然数nについて、$x^n+y^n=z^n$ となる自然数の組（x, y, z）は存在しない。

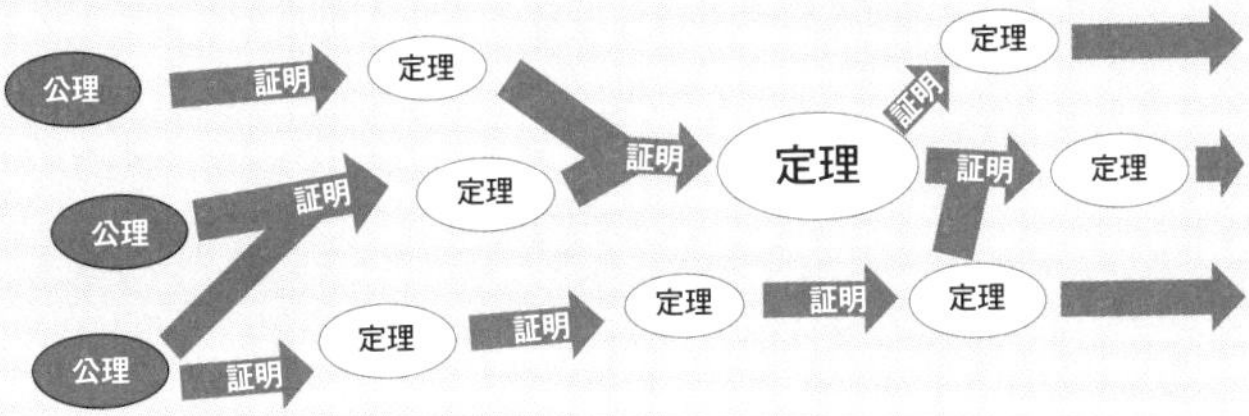

れる「誰《だれ》が見ても正しい」ことがらから出発して、その公理から証明された「定理」がたくさんつくられて今に至っているからだ。数学は「理論的に正しい」を積み重ねてきた。だから「実は解けていなかった」と覆《くつがえ》ってしまうことはまずないのだ。

「だからこういえる」は本当に正しいのか

そのかわり数学者たちは、なぞ解きをするとき、論理的な正しさを厳密に求められる。「Aは証明されている。だからBといえる」と説明するときの「だから」は本当に正しいといえるのかと。

「Bといえる」とならない例がひとつでもあれば、そのなぞ解きは崩《くず》れる。数学者たちは、「だから」が正しいことの確認を、書いた数式の一行一行にわたり、厳しく行っていくのだ。

これは、中学・高校で数学の問題を解くときにやっていることと似ていないだろうか。「x＋2＝3」の「2」を右辺に移項《いこう》するとき、値の間違《まちが》いをおかしていないか。「△ABCと△CADは合同」と書いたつぎに「よって∠ABC＝∠CAD」と書こうとするとき、理論の間違《まちが》いをおかしていないか。「だから」を正しく使う大切さは、学校の試験でも、数学者のなぞ解きでもかわらない。

「だから」は強力な道具にもなる

数学者たちは、正しい「だから」を強力な道具にして、なぞを解くこともある。まったく関係ないと考えられていた二つの問題が、両方向「だから」で結ばれて行き来できるようになり、「こっちの問題が解けさえすれば、こっちの大きななぞが解ける」という状態をつくりだすことができるのだ。

■同値変形「だから」を大切に

同値変形 ⟺ あたえられた式をそれと同値の別の式に交換すること。

↓

二つの文（命題）が同じ内容を表していること。

$a=\sqrt{a+3}-1$……①を解きなさい。

だから ⟺ $a+1=\sqrt{a+3}$

両辺を２乗して $(a+1)^2=a+3$

だから ⟺ $a^2+2a+1=a+3$

だから ⟺ $a^2+a-2=0$

だから ⟺ $(a-1)(a+2)=0$

$a=1,\ a=-2$

①に代入すると、これを満たすのは $\underline{a=1}$

たとえば、整数論の分野で300年にわたり解かれなかった「フェルマーの最終予想」というなぞは、この問題と、日本人数学者が昭和時代に立てた別の予想が、「だから」で結びついたことをきっかけに解かれて、定理になったのである。

私たちが、正しい「だから」を使うことは、なぞを解いたり、新たなことを導いたりしようとするとき、大切な保証になるし、道具にもなる。数学のように論理的であることが求められる学問であればあるほど、**正しい「だから」は、必要かつ価値あるものになるのだ。**

理論物理学者

物理学の研究者たちのなかでも、理論的な研究をメインで行い、未解明の現象などに迫《せま》る。数学的に計算をしたり推論をしたりすることが基本となる。実験などで研究を進める実験物理学者に対してこうよばれるが、理論も実験も用いている研究者も多い。

哲学者《てつがく》

世界や人生の根本にある原理を、できるだけ客観的・理性的に追い求める。

人類学者

人類とその文化の特徴《とくちょう》を研究する。理系的な手法と文系的な手法の両方がある。

考古学者

遺跡《いせき》の調査などにより、過去の人類の文化がどんなものだったかをひもとく。

心理学者

人間などの生物の意識や行動について研究する。理論や実験など手法はさまざま。

こんな仕事もある!

理論天文学者

地球外の天体や物質を研究する学問である天文学の研究者のなかでも、数式を用いたり数学的計算を行ったりして理論的な研究をメインとしている。物理学を中心に、化学や生物学なども取り入れることもあるが、土台には数学や数学的な理論がある。

理論生物学者

生物や生命のしくみについて、数理的な理論やモデルを築くことをめざす。

暗号解読者・開発者

法則性などを読み取って暗号を解く。誰《だれ》にも解けない暗号のしくみをつくる。

理論経済学者

数学的な手法を駆使《くし》して、経済についてのものごとやしくみを分析《ぶんせき》する。

刑事

犯罪捜査《そうさ》を行う警察官。時には小説的な推理も必要だが、通常は地道な調べを重ねる。

10代の挑戦！ なぞ解き編

❶ 長いこと興味をもてそうな未解明問題に出合う

　自分の興味ある分野について、そのなかでも「まだ誰《だれ》も解き明かしていない問題」を、人の話やインターネットなどから探して、自分の問題にしてみよう。「へえ、不思議！」「解いてみたい！」と心から思えることが肝心《かんじん》。

❷ そのなぞについていつも考えているようにする

　できるだけ多くの時間、そのなぞについて考えるようにしよう。考えれば考えるほど興味は深まってくる。逆に、考えても興味が深まらなければ、自分のテーマとしてふさわしくないのかも。別のなぞに切りかえてもいい。

❸ 自分なりの「こうではないか」を人に伝える

　なぞに対する「こうではないか」という考えは、数学では予想といい、物理学などでは仮説という。興味をもったなぞについて予想や仮説を立てて、それを聞いてくれる先生・家族・友だちに話して意見をもらおう。

あとがき

数学って勉強してなんになるのだろう。数学のどこがおもしろいのだろう。数学を使ってこの社会でどんなチャレンジができるのだろう。
この本を読んでくれたみなさまが、「数学」にふれる中で、心がはずむような瞬間にたくさん出合えるようになることを願っています。

本書をまとめるにあたっては、紙面に登場された、田中和治さん、吉村水純さん、松本岳大さん、小林敏郎さん、山本直子さん、芦田裕子さん、金子元さんや、その取材の調整をしてくださったみなさまに、たくさんのお力添《ちからぞ》えをいただきました。また、インタラクティブエンジニアの渡邉清峻さん、ＤＴＭ講師の塩原英明さんにもご助力いただきました。そして本づくり全体では、編集者の中川和美さんが支えてくださいました。この場を借りてお礼申し上げます。ありがとうございました。

著者

［著者紹介］

松井大助（まつい だいすけ）

フリーランスライター。1976年生まれ。編集プロダクションを経て独立。医療・法律・会計・福祉等の専門職から企業や官公庁の仕事まで、多様な職業紹介の本を手がける。教育誌『キャリアガイダンス』（リクルート）では「教科でキャリア教育」の連載を10年担当。著書に『５教科が仕事につながる！』『会社で働く』（ともにぺりかん社）など。

漆原次郎（うるしはら じろう）

フリーランス記者。1975年生まれ。出版社で８年にわたり理工書を編集したあと、フリーランス記者に。科学誌や経済誌などに科学・技術などの分野を中心とする記事を寄稿している。早稲田大学大学院科学技術ジャーナリスト養成プログラム修了。著書に『大学学部調べ 工学部』『大学学部調べ 情報学部』（ともにぺりかん社）など。

なるにはBOOKS 教科《きょうか》と仕事《しごと》

数学《すうがく》の時間《じかん》 学校《がっこう》の学《まな》びを社会《しゃかい》で活《い》かせ！〔新版《しんばん》〕

2023年 2月15日 初版第1刷発行

著者 松井大助 漆原次郎

発行者 廣嶋武人

発行所 株式会社ぺりかん社

〒113-0033 東京都文京区本郷1-28-36

TEL 03-3814-8515（営業）

03-3814-8732（編集）

http://www.perikansha.co.jp/

印刷・製本所 株式会社太平印刷社

ISBN978-4-8315-1635-0 Printed in Japan

【なるにはBOOKS】

税別価格 1170円〜1700円

1—パイロット
2—客室乗務員
3—ファッションデザイナー
4—冒険家
5—美容師・理容師
6—アナウンサー
7—マンガ家
8—船長・機関長
9—映画監督
10—通訳者・通訳ガイド
11—グラフィックデザイナー
12—医師
13—看護師
14—料理人
15—俳優
16—保育士
17—ジャーナリスト
18—エンジニア
19—司書
20—国家公務員
21—弁護士
22—工芸家
23—外交官
24—コンピュータ技術者
25—自動車整備士
26—鉄道員
27—学術研究者(人文・社会科学系)
28—公認会計士
29—小学校教諭
30—音楽家
31—フォトグラファー
32—建築技術者
33—作家
34—管理栄養士・栄養士
35—販売員・ファッションアドバイザー
36—政治家
37—環境専門家
38—印刷技術者
39—美術家
40—弁理士
41—編集者
42—陶芸家
43—秘書
44—商社マン
45—漁師
46—農業者
47—歯科衛生士・歯科技工士
48—警察官
49—伝統芸能家
50—鍼灸師・マッサージ師
51—青年海外協力隊員
52—広告マン
53—声優
54—スタイリスト
55—不動産鑑定士・宅地建物取引主任者
56—幼稚園教諭
57—ツアーコンダクター
58—薬剤師
59—インテリアコーディネーター
60—スポーツインストラクター
61—社会福祉士・精神保健福祉士
62—中小企業診断士
63—社会保険労務士
64—旅行業務取扱管理者
65—地方公務員
66—特別支援学校教諭
67—理学療法士
68—獣医師
69—インダストリアルデザイナー
70—グリーンコーディネーター
71—映像技術者
72—棋士
73—自然保護レンジャー
74—力士
75—宗教家
76—CGクリエータ
77—サイエンティスト
78—イベントプロデューサー
79—パン屋さん
80—翻訳家
81—臨床心理士
82—モデル
83—国際公務員
84—日本語教師
85—落語家
86—歯科医師
87—ホテルマン
88—消防官
89—中学校・高校教師
90—動物看護師
91—ドッグトレーナー・犬の訓練士
92—動物園飼育員・水族館飼育員
93—フードコーディネーター
94—シナリオライター・放送作家
95—ソムリエ・バーテンダー
96—お笑いタレント
97—作業療法士
98—通関士
99—杜氏
100—介護福祉士
101—ゲームクリエータ
102—マルチメディアクリエータ
103—ウェブクリエータ
104—花屋さん
105—保健師・養護教諭
106—税理士
107—司法書士
108—行政書士
109—宇宙飛行士
110—学芸員
111—アニメクリエータ
112—臨床検査技師
113—言語聴覚士
114—自衛官
115—ダンサー
116—ジョッキー・調教師
117—プロゴルファー
118—カフェオーナー・カフェスタッフ・バリスタ
119—イラストレーター
120—プロサッカー選手
121—海上保安官
122—競輪選手
123—建築家
124—おもちゃクリエータ
125—音響技術者
126—ロボット技術者
127—ブライダルコーディネーター
128—ミュージシャン
129—ケアマネジャー
130—検察官
131—レーシングドライバー
132—裁判官
133—プロ野球選手
134—パティシエ
135—ライター
136—トリマー
137—ネイリスト
138—社会起業家
139—絵本作家
140—銀行員
141—警備員・セキュリティスタッフ
142—観光ガイド
143—理系学術研究者
144—気象予報士・予報官
145—ビルメンテナンススタッフ
146—義肢装具士
147—助産師
148—グランドスタッフ
149—診療放射線技師
150—視能訓練士
151—バイオ技術者・研究者
152—救急救命士
153—臨床工学技士
154—講談師・浪曲師
155—AIエンジニア
156—アプリケーションエンジニア
157—土木技術者
158—化学技術者・研究者
159—航空宇宙エンジニア
学部調べ 看護学部・保健医療学部
学部調べ 理学部・理工学部
学部調べ 社会学部・観光学部
学部調べ 文学部
学部調べ 工学部
学部調べ 法学部
学部調べ 教育学部
学部調べ 医学部
学部調べ 経営学部・商学部
学部調べ 獣医学部
学部調べ 栄養学部
学部調べ 外国語学部
学部調べ 環境学部
学部調べ 教養学部
学部調べ 薬学部
学部調べ 国際学部
学部調べ 経済学部
学部調べ 農学部
学部調べ 社会福祉学部
学部調べ 歯学部
学部調べ 人間科学部
学部調べ 生活科学部・家政学部
学部調べ 芸術学部
学部調べ 情報学部

※一部品切・改訂中です。 2023.01.